北大凌晨四点半

——北京大学送给青少年的最好礼物——

BEIDALINGCHENSIDIANBAN

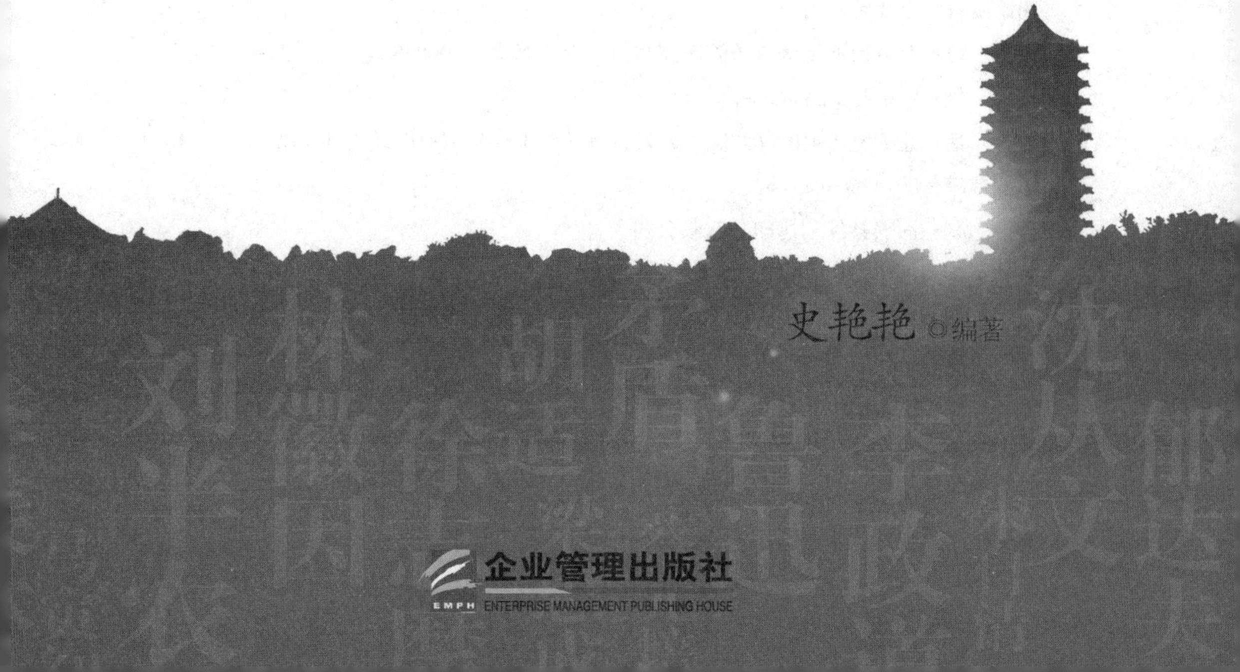

史艳艳◎编著

企业管理出版社
EMPH ENTERPRISE MANAGEMENT PUBLISHING HOUSE

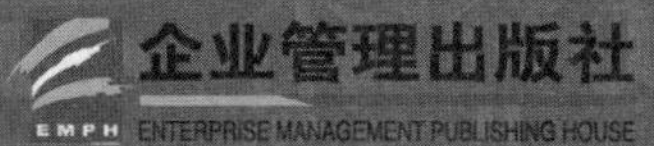

图书在版编目（CIP）数据

北大凌晨四点半 / 史艳艳编著. —北京：企业管理出版社，2014.6
ISBN 978-7-5164-0847-6

Ⅰ.①北… Ⅱ.①史… Ⅲ.①成功心理－青少年读物 Ⅳ.①B848.4-49

中国版本图书馆CIP数据核字（2014）第111187号

书　　名：北大凌晨四点半
作　　者：史艳艳
责任编辑：杜　敏
书　　号：ISBN 978-7-5164-0847-6
出版发行：企业管理出版社
地　　址：北京市海淀区紫竹院南路17号　　邮编：100048
网　　址：http://www.emph.cn
电　　话：总编室（010）68701719 发行部（010）68701816 编辑部（010）68414643
电子信箱：80147@sina.com
印　　刷：固安县保利达印务有限公司
经　　销：新华书店
规　　格：170毫米 ×230毫米　16 开本　15.5印张　220千字
版　　次：2014年7月第1版　2014年7月第1次印刷
定　　价：29.80元

前言

凌晨四点半，你在做什么？

北京大学是中国最高学府之一。它创办于1898年，初名京师大学堂，是中国第一所国立大学，也是中国近代最早以“大学”身份和名称创建的学校，其成立标志着中国近代高等教育的开端。

正因为这种神圣的地位，北京大学也成了中国内地高考竞争最激烈的大学之一，只有历年各省市高考成绩最优秀的高中毕业生才有机会被北大录取。

多年来，北京大学培养了数不胜数的社会精英。

其中包含四百多位大学校长、一大批优秀外交官、无数大型企业的CEO……

你或许会问，考入北大的都是什么样的人？北大人为何会那么成功？在告诉你答案之前，我想你先回答下面这个问题：

凌晨四点半时你在做什么？

在这个时间点，许多人可能还在梦乡，你是不是也跟他们一样，正在温软的床上蒙头大睡？

此刻你若是进入北大校园，你会发现，凌晨四点半的北大自习室依然灯火通明！

优秀的北大学子们本已天资过人，但他们依然不放过所有可以用来学习的时间，连凌晨四点半也不例外。

由于资源有限，大部分北大自习室会在晚上十点半前关闭，只有部分院系的自习室会开通宵，因此这里每天都是人满为患，即便是到了凌晨四点半，依然座无虚席。

而那些未在自习室找到位置的北大人也不会回到寝室休息，他们会转战校园周边24小时营业的小店，继续看书学习。

看到这里，你是否开始明白，为何北大人会如此成功了。

原来，他们的成功不是机遇，不是巧合，而是来自不懈的努力！

所以，如果你向往北大，向往北大精神，就请向他们这种“凌晨四点半”的精神学习。

目录

第三章　没有翅膀，所以努力奔跑

第四章　你没有理由不坚强

第五章　一人独行走得快，与人同行走得远

第六章　谁的青春不曾迷茫，谁的成长不曾孤单

第一章
吃得苦中苦，方为人上人

凌晨四点半，我把别人睡觉的时间用在了学习上

此刻打盹，你将做梦；此刻学习，你将圆梦。

——北大人箴言

马云在北大演讲时曾经说过这样一段话："今天到北大演讲，心里特别激动。我一直把北大的学子当作我的偶像，一直考却考不进，所以我想，如果有一天有机会，我一定要到北大当老师。"这番话，看出了北大在马云心中的地位。

不仅是马云，在许多人心中，北大同样有着非常高的地位，这也是全中华的莘莘学子拼了命也要考入北大的原因。

然而，想要考入北京大学，成为北京大学的一员，绝不是一件容易的事，那意味着需要付出更多的努力。那么，那些北大学生是怎么做到的？他们凭着什么考入了北京大学？

湖北省襄阳市第五中学的程梦稷就是这样一位勤奋的学生，她最终有幸与北大牵手。然而在步入北大圣殿之前，她所付出的努力超乎想象。

多少个凌晨，在别人酣然入睡之际，程梦稷却依然在挑灯夜读，这一切只为一个梦想，只为能在未名湖畔悠然漫步。

在学校，程梦稷从来不是最优秀的，尽管从小学到初中，她的学习成绩一直不错，然而升入高中之后，她在强手如云、由全年级尖子生组成的班里，感受到了前所未有的压力。第一学期的期末考试，程梦稷就认识到了理想与现实的差距——她的成绩竟然排在了中下游，这是从小到大都没有经历过的窘境，她有些失落。

接下来的假期，程梦稷度过了一段郁闷的"黑暗天"。她也曾经因为

无法接受现实而痛哭流涕，然而她并没有自暴自弃，很快认识到了差距，及时做出自我调整。之前的优越感消失殆尽，她要用拼命的努力重新证明自己。

当《最初的梦想》这首歌在耳边响起时，程梦稷更加清楚了自己的奋斗目标，从而激励着自己努力拼搏，她相信功夫不会辜负努力付出的人。为了能够考上北大，为了重回巅峰，她甚至每天只睡五个小时。有时，凌晨四点多了，她还在挑灯夜读。

后来再回想起那段时光，程梦稷感到很庆幸，同时也觉得欣慰——还好当时没有轻易放弃。现在的她已是北大大二在校生，她用当初的汗水重新证明了自己，实现了梦想。

谁都想上北大，然而每年几百万考生中，能上北大的只有几千人。学海浮沉，现实就是这样残酷，能进入北大的又有几个呢？如果你没有过人的天赋，又不肯把别人睡觉的时间用在学习上，那么北大则更像是一个遥远的梦。

北大成功秘诀——关于充分利用时间的秘诀

你还在抱怨时间不够用吗？你的时间都去哪儿了？

你还在为学习成绩上不去而发愁吗？你以为北大学子是如何考取高分的？

时间，是北大人成功的终极秘密。当你睡觉的时候，当你做着黄粱美梦的时候，北大人正在秉灯夜读。

想要跟上他们的步伐，除了付出更多的时间与精力，你还需要掌握北大人有效利用时间的能力。

1.北大人做事之前先定计划

北大学子在做事之前习惯先列一张单子，写下所有要做的事，然后分门别类计划好。这样，能使较复杂的事情变得容易处理，时间也就节省下来了。而且利用这种方法，每完成一小步，实现一个小目标，都会有成就感。

把自己的时间安排得满满当当，从而促使自己努力，是北大人通常会采用的方法。实践证明，效果极佳。

2.限制时间

对多数事情而言，既可在较长的时间里做完，也可在较短的时间里做完，弹性相当大。而北大人永远都会选择后者，因为他们善于限制时间。

对于北大人来说，一件事情能够在一小时内做完，绝不会拖延至两小时。他们会给自己设定完成时限，以此提高效率。

3.分清轻重缓急，优先处理重要的事情

在北大人的观念中，永远都是先做重要的、必须的事。他们不会挑最容易的、最喜欢的下手，而是能够分清轻重缓急，优先处理重要的事情。

在他们看来，所做的事情越有意义，时间的利用率就越高；反之，时间的利用率就越低。如果把大部分时间用在琐碎的事情上，是非常不值得的。

4.充分利用高科技节约时间

随着时代的发展，高科技再也不是神秘的概念，而是连小孩子都能掌握的技术。例如电脑、iPad、手机等等，它们是人类的好助手，随身携带，无论乘飞机、坐汽车、坐火车都可以学习、工作和娱乐，你的时间也会被有效利用。

但如果你仔细观察北京大学的学生，会发现他们在公交、地铁上拿着手机、iPad，是在学习知识，而不是像很多孩子一样打游戏。

5.巧用时间的“边角料”

饭前饭后、等候公共汽车、上学放学的路上，都可以挤出十分钟八分钟的时间，用来阅读、回忆或思考一些问题。俗话说，巧裁缝不厌零布料，好木匠不丢边角料。几分几秒的时间，看起来微不足道，但汇集起来就大有可为。

不要看不起这些“边角料”般的时间，也许这正是你与北大人拉开差距的关键。

6.通过合作节约时间

对于一件事，可分割成几个较小的部分，自己只做其中一部分，其他部分让别人去做，这就是合作的魅力。这样不仅可以为自己节约很多时间，还能从小培养相互合作的习惯。

北大人之所以聪颖过人，就是因为脑子活泛。他们懂得合作提高效率的方法，有些事情自己无法亲自去做，可请他人协助。个人的力量是有限的，要充分利用时间，就要尽量利用别人的力量，变别人的时间为自己的时间。

【北大考考你】

在中国，没有人不知道北京大学，然而你真正了解它吗？你清楚它的前世今生吗？

1898年，当人们苦苦寻觅可以求学的地方时，一所名叫“京师大学堂”的学府成立了，这就是北京大学的前身。作为我国第一所国立大学，它的成立开启了中国高等教育的新篇章。同时，北大也是中国最早以“大学”命名的学府。

作为教育部直属大学，作为文、理、医学等均有涉及的综合性大学，北京大学在国内的地位不可撼动。此外，北京大学作为中国大学的标志，同清华大学一样，在国际上也享有盛誉。

历经风雨，经过逐年发展，今天的北大已经颇具规模，并且在诸多领域为国家乃至世界做出了巨大贡献，培养了一批又一批的优秀人才。据统计，中国科学院有67名院士来自北大，这是一项非常惊人的记录。

此外，北大之所以吸引莘莘学子，因为它有着高质量的师资力量，培养出了许多行业的领头人，以及有着突出贡献的重要人物。比如，我们的国务院总理李克强，就是从北大毕业的。

接受过教育的北大人，正在世界的各个角落做着贡献，传承并延续着北大精神！

我的黑夜跟你们不一样

勤奋的含义是今天的热血，而不是明天的决心、后天的保证。

——北大人箴言

很多人都想知道北京大学的学生到底有什么与众不同，为什么与一般人差距那么大。于是，很多人开始将他们神化，认为这群学生天赋超群，智商高出常人，完全是遗传基因更好。

其实，北大学生跟普通人没什么明显差距，完全没必要将他们神话。要说北大学子与普通学生之间最大的差距，那就是勤奋程度。

在北大，传统自习室一般晚上十点半以后就关门了，比如第二、第三教学楼，以及北大理科教学楼，然而有一些院系的专门自习室是24小时开放的。不过随着社会竞争压力不断加剧，学业负担加重，学生们对于通宵自习室的需求急剧增长，因此很多院系也放宽了限制。

总之，在北大，尤其到了应考季，那些通宵开放的教室一定挤满了学生。例如勺园2号楼自习室，这里是为留学生准备的，24小时开放，还有无线网络，环境不错，但是只有八张大桌子，资源紧张，非本院系的学生只能混进去，一般在晚上七点左右是最佳时机，晚了就抢不到地方了。

然而，这样的通宵自习室并不多，完全不能满足应考季学生的需要，没抢到地方的同学就只能去“牛教”了。

“牛教”是什么？这是北大人的戏谑之词，就是卖牛肉面的地方，也就是北大周边的各种小吃店。

北京大学，中国最顶尖的大学之一，无论是硬件还是软件，都是其他大学所无法比拟的。然而更胜一筹的，则是北大百年传承的文化与精神，那是一种在潜移默化中形成的文化氛围。

“我的黑夜与你们不一样”，北大人的夜晚静悄悄，但他们却没有安然熟睡，而是静静地读书思考。他们很清楚，想要在每年的百万毕业生中脱颖而出，制胜的关键就是在北大的每一个夜晚，那么安静，那么美。

小勾是某地级市的高考状元，刚到北大时，他感到前所未有的放松，像很多学生一样，想要疯玩一整年，谈恋爱，四处走走逛逛，当他看到学哥学姐还在拼命学习，甚至晚上熬通宵看书时，简直不可理解。

开学几个月之后，小勾玩疯了，却突然感到强烈的空虚感，看着周围的同学，每个人似乎都有明确的目标，每天按部就班地向着目标努力。而小勾之前在地级市的优越感也很快消失殆尽，像他这样的地市级状元在北大校园可谓一抓一大把，他的学习成绩只能从后面数起。

直到此刻，他才真正认清了差距，再也不敢嘲笑那些通宵自习的学生了。小勾也加入了通宵自习的队伍，还因为抢不到自习室而只能跑到校门外的“牛教”读书。

在众多“牛教”中，城隍庙小吃店是他最喜欢的，在这儿，饿了就买碗面吃，困了就趴到桌子上眯瞪一会儿，不会有人打搅，因为夜里还混在这里的，大多是自己人。

从周一到周四，几乎每天都能看到小勾的身影。最初，小勾只是来凑热闹，跟着同学们起哄，两三点就困得不行了，吵着回去睡觉，因为那时他的心思根本没完全放在学习上。后来，随着小勾与同学们的差距越拉越大，他也急了，几乎每天都跑过去，甚至带着枕头和洗漱用具。

后来，忙着托福考试的小勾，白天参加辅导班，晚上通宵自习，连轴转的学习把他累得够呛。“其实，要是习惯了这种日子，也不觉得太苦，精神上也会得到另一种享受。我感觉这里的通宵自习已成为校园文化的一部分，我这既是在上自习，也是在品味一种文化。”小勾在与学弟交谈时坦然地说道。

在进入北大之前，他们是天之骄子，是所在地区最顶尖的学生，是高考状元。然而，在进入北大之后，所有的优越感顿时烟消云散，不仅是因为他们的才华在北大简直不值一提，更是因为北大谦卑的氛围。每个人都有明确的目标，每个人都清楚地认识到自己的水平还远远不够，因此每个人都在拼命追赶。

在北大，几乎每个人都像小勾一样，拥有明确且现实的目标，他们有着明确而具体的计划，稳步向着目标迈进。由于大一、大二的课程安排得很满，没有多少空闲时间，夜晚就成为他们实现目标、超越别人的最好时间段，在每一个拼命付出的夜里，高下也就分了出来。

“我的夜晚跟你们不一样，因为我有梦尚未实现，我要在有限的生命中尽可能做一些有意义的事，此生也就不曾白活。”

北大成功秘诀——大学生熬夜学习分析

大学生熬夜学习现象已经十分普遍，因此相关专家进行分析，认为学生熬夜原因主要受两大因素影响：

1.个人独立性

研究证明，个人独立意识较强的学生往往根据需要选择是否熬夜学习，而独立意识较差的学生从众熬夜程度较高。

如果你是一个独立意识较差的人，就需要在决定是否熬夜学习之前，认真地问自己以下两个问题：“今晚熬夜主要是为了什么？”“今晚熬夜付出的身体健康，与熬夜之后获得的知识，谁的总体价值更高？”

2.情境因素

大学生熬夜行为，很容易受到情境因素影响。研究证明，当群体达到3~4人时，从众行为发生的可能性较高。比如当寝室、社团中的大多数人表示要去熬夜学习时，那么很可能引领更多人加入进来。

相比于单独熬夜学习，教育研究者认为，多人一起熬夜学习效率更高。因为在这个过程中会情不自禁地产生竞争心理。所以非得熬夜学习的话，就叫上自己的室友或同学吧！

【北大考考你】北大周边的“通宵自习室”

你知道北大周边有哪些“通宵自习室”吗？也就是在北大学生抢不到真正的自习室时，他们往往会去哪里自习呢？

其实，只要你留心观察，就会发现北大校园周边有很多有特色的24小时店。夜深人静时，如果你遇见几个学生模样的人正在读书，说不定他们就是北大的才子。

其中包括以下一些最受北大学子欢迎的小店：

城隍庙小吃店、天下一品牛肉面、图书城里的北京牛肉面以及对面的美国加州牛肉面大王（这三家牛肉面店都是24小时营业的，很多北大学生来这里通宵自习，因此得名“牛教”）。

成功，需要走出独有的步调

蜷缩在往事里，今天就失去了意义；缺少当下的过渡，明天必然一片苍白。学步于他人后，虽可避免摔跤，但忽略了自己的双脚，任谁也走不出想要的路。

——北大人箴言

他1983年从音乐学院毕业，一直用自己的独有步调实现着自己的梦想与目标。在别人眼中，他的生活轨迹以及成长历程，是那么与众不同。

他是徐小平，新东方“三剑客”之一。他始终坚持自己的独有步调，直至成功。

在以英语教学为主的新东方，徐小平担任留学、签证、出国咨询事业的负责人，这样的创业经历本身就有着其特有的步调，也是他创业的第一步。

徐小平从音乐学院毕业后，来到北大担任与艺术相关的教职工作，先后任北京大学艺术教研室教师、北京大学团委文化部长、北大艺术团艺术指导。

1987年至1995年，他在美国、加拿大留学、定居，并获得了加拿大萨斯卡彻温大学音乐学硕士学位。1996年1月回国后，他建立了创业实验田新东方咨询处，从事新东方出国咨询和人生咨询事业。2010年离开新东方后，他创立了“真格”天使投资基金，其最知名的投资案例莫过于“世纪佳缘”交友网站。

1996年回国后，徐小平第一次真正地改变了步调，与之前读的音乐与艺术专业告别，建立了新东方咨询处，在40岁的“高龄”开始创业。对于徐小平的举动，很多人无法理解。

在40岁改变以往步调，重新上路，这不是一般人敢轻易做出的决定。然而也正是徐小平的独有步调，让他最终收获了成功。

新东方的巨大成功并没有让徐小平就此满足，他继续以自己的步调，向更大的目标进发。接下来他要干吗呢？在2010年结束新东方的事务后，徐小平改走了一条不一样的路——“真格”天使投资基金建立了。从创业到成为天使投资人，这其中的转变只有他自己能体会。

在运作天使投资基金的过程中，徐小平同样获得了不错的成绩。除了天使投资人这一称号之外，“世纪佳缘”交友网站是又一个典型案例，是成功投资项目的代表。

当基金发展到一定规模后，徐小平开始更多地关注有志创业的青年，给他们提供帮助。他说，他懂年轻人，懂创业者，也懂得年轻人的梦想。

在生意场上，没有永远的赢家，徐小平也经历过失败，然而他却享受着自己的独有步调，无论成功或失败，都会一直走下去，永远走下去。

在北大，徐小平的故事是学子们耳熟能详的。作为一个北大人，徐小平是佼佼者，同时也是最勇敢的一位之一。他坚持独有的步调，闯出了精彩的人生。

通过徐小平的经历，我们应该明白一件事，每个人的经历各不相同，在人生的某个阶段，有很多事等着我们去做，因此我们要走出自己独有的步调，不必为他人而改变，也不必为他人而活，这样的生活才够精彩。

北大成功秘诀——你的步调与众不同

考入北大，已经证明了你的步调与众不同，然而想要做出更大的成绩，你还需记住以下三点：

1.攀比之心不可有

常言道，人比人气死人。如果你在某些方面不如别人，却非要盲目攀比，只会给自己找不痛快。争强好胜是北大学子的不变信条，然而相互攀比则是在扭曲北大精神。

2.焦虑情绪太可怕

科学家经过研究发现，生气容易变老。志在四方的年轻人，如果不想让自己看上去像个老头，就不要让焦虑情绪毁了自己。年轻，就该有神采飞扬的气场，这也是一种北大精神。

3.不完满才是人生

季羡林说，不完满才是人生。的确，人无完人，每个人或多或少都有缺点，只是缺点的大小不同罢了。在你不断去苛求自己变得更完美的时候，会让自己陷入过分严苛的境地，这样反而会收到适得其反的效果。

【北大考考你】创业之前的心理准备

许多人，包括北大学子，在迈入社会时会有自己创业的念头。然而，创业并不是一件简单的事，其事前需要做好的充分准备，你知道都有哪些吗？

1.创业开始前要有规划

在准备创业之前，最好做一个详细的规划，把创业之前需要做的事情，以及创业过程中需要注意的事项等会涉及的方面，用文字的形式进行记录。然后根据创业规划，一步步去兑现。

2.对创业形势有一个清楚的认识

如果决定要创业，那么对将要从事行业的发展前景有一个清楚的认识，是必不可少的。所谓知己知彼，这样才能够为自己创业赢得更多的机会，也可以通过对前景的展望以及分析，帮助更好地做出决策。

3.创业需要积极性

创业需要积极性，这是非常重要的。但是，创业的积极性不能一味地盲目膨胀，需要对项目的可行性有一个非常严谨的评估。最好在与专业人员探讨之后，证明项目是可行的，再放开手脚积极地干。

4.建立团队很重要

一个公司，如果只有一个人，那么你需要谈业务，又需要处理公司内部事务，甚至可能连办公用品都需要自己去购买，这样怎么可能有机会去获取更多的业务与发展机会呢？所以，创业之初最重要的是组建一个团队，并使团队的成员分工明确，这一点是非常重要的。

我若不勇敢，谁替我坚强

别驻足，梦想要不停地追逐；别认输，熬过黑夜才有日出。要记住，成功就在下一步！

——北大人箴言

如果你有出国留学的梦想，那么，你对北大学子、北大曾经的员工俞敏洪创立的新东方，应该不会太陌生吧？

作为北大的学生，并且在北大留校任教了若干年的俞敏洪，在追逐梦想的道路上遭遇的磨难远比电影中要艰辛得多。

这一路走来，俞敏洪用自己勇敢、坚强的意志力，最终熬过了“黑夜”，迎来了今天的成功。

在创立新东方之前，俞敏洪在考取北大的历程中，经历过数次打击。他第一次参加高考时，英语成绩只有33分。

然而，俞敏洪的北大梦并未破灭，他选择了复读。在第二年的考试中，他的英语成绩得到了提升，但依然只有可怜的55分，这让他再一次被挡在了北大的校门之外。

像很多人一样，俞敏洪的心中也滋生了放弃的念头，但最终他坚持了下去。为了弥补弱项，俞敏洪参加了英语补习班，从哪里跌倒就从哪里爬起来，这就是北大人的精神。苍天不负有心人，没有天赋绝不是退缩的借口，俞敏洪做到了，最终梦圆北大。

俞敏洪为了考入北大，付出了常人难以想象的艰辛，他的凌晨四点半，也大多是在学习中度过的。这些经历让俞敏洪明白了一个道理，那就是：我若不勇敢，谁替我坚强？

在北大，每个人都很清楚，勇敢与坚强，胆小与懦弱，是两种完全不同的选择，体现着不一样的人生观。他们很清楚“我的人生，没有人会替我买单”的道理。

而那些受伤时总想到父母，困境下总希望别人伸出援手的孩子更需要明白这个道理。父母也有老去的一天，到那时谁来帮我们买单呢？试从今天开始，学着坚强一些，勇敢面对生活吧！

我若不勇敢，谁替我坚强？这是北大人的精神信条，希望它也能成为每一个孩子心中永恒不变的信念。

北大成功秘诀——谁给你坚强的勇气

像北大人一样坚强，你就可以像他们一样成功。

在学习的过程中，难免出现情绪低落、郁郁寡欢的状况，即便是北大人也会出现这样的问题。这时你最需要的就是坚强的勇气。下面三句话是你应该记住的：

·失败的时候，告诉自己再试一次！

·成功的时候，莫忘“塞翁失马”的道理！

·无论成败，都要保持一个好的心态，这样就会更勇敢！

除了这三句影响北大学子一生的金玉良言之外，你还需要具备以下几种勇气：

1.突破现状的勇气

面对每天做不完的习题，即便是北大人，也会渐渐形成一种习惯。从好的方面来说，解题越来越熟练，碰到各种状况都知道如何去思考和处理。但是从另一个角度来看，如果每天都是用同一种思考模式、同一种处理方式，很可能形成僵化思维，那么遇到难题时就傻眼了。所以，遇到问题要勇于突破现状，改变思维方式，求新求变。

此外，如果你的努力在一段时间内没有明显效果，就意味着你需要做出改变，勇敢地突破现状，这样才能更进一步。

2.突破自我的勇气

我们所面对的敌人永远都是自己，所以你要做的就是突破自我、超越自我。这说起来简单，做起来却很难，需要超凡的勇气。

当我们对目前的自己感到满意时，大部分人都会选择停下脚步。然而北大人却不是这样，他们很清楚，在有限的时间里要尽可能多做一些有意义的事。所以当我们大多数人在睡觉的时候，他们依然在挑灯夜读。

如此付出是需要勇气的，那就是突破自我、超越自我的非凡气概。

3.追求卓越的勇气

卓越的精英并非与生俱来，不要以为北大毕业生就是天生的成功者，如果缺少追求卓越的勇气，他们也是一群平庸的人。

一个人能否最终获得成功，很关键的一点就在于是否具备追求卓越的勇气，因为普通人更愿意过知足常乐的生活，安于现状。所以追求卓越的北大精神，值得我们每个人学习。

4.特立独行的勇气

北大人之所以出色，在于他们拥有特立独行的勇气。他们是那么与众不同，既能独立思考与判断，不人云亦云，不盲信盲从、盲目追随流行，也不会哗众取宠。

有些时候，不要做一只听话的羔羊，要有自己的主见，要有特立独行的勇气，只要是你认为对的，就要敢于坚持，否则你将沦为芸芸众生中的一员。

【北大考考你】

一个专门研究心理学的大学教授来到精神病院参观，希望了解精神病人的生活状态。经过一天的观察，他觉得这些精神病人的行为非常出人意料。

不过就在他参观完、准备回家的时候，发现自己车子的轮胎被卸掉一个。教授心想：“一定是哪个精神病人干的！”教授又生气，又无奈，只好自己动手安装备胎。

不过问题来了，原来，拆车胎的人居然把螺丝也都拿走了。没有螺丝，只有备胎也装不上啊！就在教授一筹莫展的时候，一个精神病人兴高采烈地过来了，他一边蹦跳，一边欢快地唱着歌，这让教授更加无奈了。

精神病人停下来问教授发生了什么事。教授不愿搭理他，不过还是礼貌性地回答了一下。精神病人听后哈哈大笑，说道："我有办法!"他从每个轮胎上卸下了一个螺丝，这样就拿到了三个螺丝，将备胎装了上去。

教授非常惊讶地问："你是怎么想到这个办法的?"

此刻，如果你是这个精神病人，你会怎么回答?

其实，在这个世界上有很多人，看起来平淡无奇，可是一旦他们发现了生活和工作的乐趣，就会涌现出平常人鞭长莫及的潜能。

因此，精神病人最佳的回答方式是："我是疯子，可我不是呆子。"

选择你喜欢的，接受你选择的

当你能飞的时候，请不要放弃飞翔；当你能梦的时候，请不要放弃做梦；当你能爱的时候，请不要放弃去爱。坚持努力不放弃，把握有限时间，创造精彩未来。

——北大人箴言

既然选择了远方，就要风雨兼程。如果你选定了目标，那么一定要坚持下去。选择你喜欢的，接受你选择的，这是北大人的人生信念。

前段时间，一部穿越题材的清宫戏《步步惊心》受到了观众们的热捧，不难想象，该电视剧的小说原著会是多么精彩。在这里需要特别提到的是，《步步惊心》这部小说的原创作者，是一位毕业于北大的才女。她叫桐华。

了解桐华的人都知道，她喜欢看好莱坞电影《时光倒流七十年》，这也是一部穿越题材的电影。出于对此类故事以及写作的喜欢，桐华成了一位网络作家，从而创作了《步步惊心》这部穿越小说。

桐华作为 名日前在美国从事财经类工作的北大人，她的专业看起来与写作毫不相关。但是，因为写作是桐华的兴趣所在，她选择了自己喜欢的事，并且坚持下来，最终获得成功。

作为一名北大金融专业的学生，在去美国之前，桐华在深圳的中国银行工作过一段时间。在这期间工作压力不小，但她一直坚持写作，因为喜欢，所以坚持。

在《步步惊心》火起来之前，桐华的写作之路并不顺利，那时候并没有多少人知道她。像其他默默无闻的写作者一样，桐华很清楚，也许这辈子都不会有人知道自己，但是她依然选择不停写作，因为这就是她最大的爱好。

多年后，一直坚持写作的她终于因为《步步惊心》的成功，被评为新言情“四小天后”之一。

很多时候，我们做出了选择，就应该坚持，而不是时刻关注之后的结果。毕竟，结果的好坏，我们无法预见，也不是我们能够掌控的。我们唯一能做的，就是选择自己喜欢的，接受自己选择的。就好像桐华，在选择写《步步惊心》的时候，绝对不会料到自己一夜之间就成名了。

北大成功秘诀——兴趣至上

选择你所喜欢的，那么你一定要对此感兴趣，因为只有兴趣才会让你一直坚持下去。

对于学生来说，对学习的兴趣至关重要，这也是爱上学习的关键。下面，让我们看看北大人是如何激发自己的学习兴趣的：

1.创设各种情境，激发学习兴趣

兴趣绝非与生俱来，而是在实践活动中产生和发展起来的。相应的实践活动可以使已经形成的兴趣得到强化和巩固，并趋于稳定。北大人善于利用各种情境，激发自己对学习的兴趣，这一点非常值得借鉴。

2.享受成功带来的乐趣

苏霍姆林斯基曾说过：“请记住，成功的乐趣是一种内在的情绪力量，它可以促进时时学习的愿望。”北大人深知这样的道理，所以善于通过自我激励的方式，通过每一次学习成绩的提升鼓励自己，以便让自己的学习兴趣越来越浓。

3.对偏科积极期望

积极期望就是从改善学习者自身的心理状态入手，对自己不喜欢的学科充满信心，相信该学科是非常有趣的，并且相信自己一定能够学好这门科目。

如果你对某一科目不感兴趣，成绩也不理想，这时你就可以尝试对这个科目抱有积极期望，重拾对它的兴趣。

4.从小目标开始

在学习之初，确定小的学习目标，这是北大人的习惯做法。开始时目标不可定得太高，要设定符合自身能力的目标，否则会在很大程度上打击学习积极性。

不断进步，享受到成功的快乐，这样就会提高学习的信心，激励自己继续学习。别以为北大人一开始就给自己设定了一个宏大的目标，他们很清楚，那样是很难达成的。所以，他们也是从小目标开始，一点一点走向成功的。

【北大考考你】

小张对小陈说："我想要离开这家公司，我恨这家公司！"

小陈回答道："我十分赞成你的报复计划，这家公司太烂了，一定要给它点颜色看看。不过你现在离开，还不是最好的时机。"

小张问："为什么？"

小陈说："你现在还是个小职员，如果拍拍屁股走人，对公司的影响还不大。要不，你努力向上爬，成为非常重要的核心人员，建立自己的权威和客户圈，然后再带着自己的资源离开公司，这样公司的损失就大了。"

小张听到小陈的话后，犹豫不决。此时，摆在他面前的是两个选择：一个是立马离开公司；一个是如小陈所讲，自己努力干，等成为公司核心人物之后再离开，这样才可以给公司致命一击。

如果你是小张，你会选择哪一个？

其实，一个人在工作中，只有付出更多的努力，才能让自己发光发热，才能证明自己的存在，才能进一步证明自己的能力。

所以，小张选择了努力工作。事遂所愿，在半年多的努力工作后，他有了许多的忠实客户。这时候，小张也不再想离开了，因为老板正准备升小张做总经理助理。而这一切，其实也正是小陈的初衷。

你没有想象中坚强，也没有想象中脆弱

生活总是这样，不能叫人处处都满意，但是美好的事情总会在你意想不到的时候发生。

——北大人箴言

有时候我们觉得自己很坚强，但遇到问题却发现无能为力；有时候我们自以为很脆弱，其实在困难面前却表现得很好。在北大人心中，遇到任何问题都不能害怕，唯有勇敢面对，才知道自己到底行不行。

1977年至1982年，北京大学哲学系本科班迎来了一位未来政坛的重量级人物，来自埃塞俄比亚的穆拉图·特肖梅。2013年10月通过选举，穆拉图·特肖梅当选埃塞俄比亚总统，他的政治生涯从此翻开了绚丽多彩的一页。可是，在这光芒的背后，又有谁能够身临其境地体会其中的艰辛、困苦呢？他的故事，终将使我们明白，你没有想象中坚强，也没有想象中脆弱！一切都取决于自己。

在中国的学习经历，丰富了穆拉图·特肖梅自身的文化知识。他先是在北京语言学院（现在的北京语言大学）进行了汉语的学习。接着，他在北京大学念了哲学专业。然后，他又在北大国政系进行了硕士学位的相关学习。后来，他继续进行学习，并且获得了该专业的博士学位。

想要在政坛如鱼得水，不能没有坚强的精神。穆拉图·特肖梅在他政治舞台上的那些历练，正是他坚强精神最好的体现。在他成为埃塞俄比亚总统之前，先后到不同的国家担任过大使，具体包括日本、澳大利亚、中国等等。除此之外，任农业部长期间，他对民生有了切身的感悟。他还担任过政府经济发展及合作部国务部长，以此为本国同世界不同国家的经济

发展与合作累积了实际经验，也为后来领导国家经济发展打下了必要的基础。

最后，穆拉图·特肖梅担任议会联邦院议长的职务，帮助他进一步提升了领导一个国家所需要的业务技能。并且最终让他从方方面面得到发展，成为了足以胜任一个国家总统职务的人才。

风光背后，穆拉图·特肖梅也有脆弱的时候。每到一个新的职能部门任职时，他需要用实力证明自己，好让手下的工作人员信服，听从他的指挥。其间，发生过很多问题，他也因此陷入沮丧沉沦的境地，然而在北大的学习让他拥有了勇于面对的北大精神，这种精神帮助他最终克服了种种障碍。

其实，我们没有想象中脆弱，正如穆拉图·特肖梅在定国安邦这样的大事上，能够驾轻就熟地胜任一样。

北大人遇事总能表现得很坚强，因为他们很清楚，人生时常会遭遇失败，当遇到困难时，他们绝不会任凭脆弱的情绪占据上风，在短暂的沮丧之后，他们会重新上路。在他们看来，越脆弱，越要奋勇向前，因为我们没有看上去那么脆弱，我们远比想象中坚强。

北大成功秘诀——你的人生不设限

他叫尼克·武伊契奇，一个生来就没有四肢的人；他想过死，试图溺死自己，却最终顽强地活出了精彩的人生；他是澳大利亚著名的演讲家，出版过畅销书《人生不设限》……

他用自己的人生故事告诉世人：一切皆有可能，永远不要在心中给自己能够到达的高度设限。

这本书在北大备受推崇，尼克在书中写道：

人生最可悲的事情并非失去四肢，而是没有生存希望及目标！人们经常埋怨什么也做不来，但如果我们只记挂着想拥有或欠缺的东西，而不去珍惜所拥有的，那是根本解决不了问题的！真正改变命运的，并不是我们的机遇，而是我们的态度。

当我的父母看到我出生时那没手没脚的模样时，他们也不禁怀疑上帝到底在想什么。然而，今天我过着完全超乎想象的生活。

如果你正打算放弃梦想，告诉自己再多撑一天、一个礼拜、一个月，再多撑一年吧！你会发现，拒绝退场的结果令人惊讶。只有拒绝再试一次的人才会被打败。

你现在的生活或许一团乱，不知道明天是否会更好，但我要告诉你，只要拒绝放弃，就会有超乎想象的美好在前方等着你。请把焦点放在你的梦想上，尽你所能去逐梦；你有改变环境的力量，所以就去追求你真心的渴望吧，无论那是什么。

你失败，我失败，我们之中最厉害的人失败过，其他人也是。那些无法从挫败中站起来的人，常常把失败当结局。但我们应该记住，人生并非一试定终身，而是个试误的过程。那些成功的人都会从愚蠢的错误中站起来，因为他们明白失败只是一时的，并将其视为可以学到东西的经验。对此，丘吉尔有精辟的见解："成功是从一个失败前进到另一个失败，期间却热情不减的能力。"

如果你尽了全力，剩下的上帝就会接手，该来的总是会来。你必须有强烈的求胜心，而只要你愿意敞开胸怀接受，每次的失败都能铸造你的品格。

当你受到伤害时，会筑起高墙，免得再被伤害一次，但是你不能在心的周围筑起一堵内在的墙。如果你爱自己原来的样子，爱自己内在或者外在的天生的美，人们就会被你吸引，然后也看见你的美。

在悲伤的另一边，有一条不同的出路会让你更坚强，更坚定，让你找到自己想要的人生。

【北大考考你】

草地上画了一个直径十米的圆圈，内有一头牛，圆圈中心插了一根木桩。牛被一根五米长的绳子拴着，如果不割断绳子，也不解开绳子，那么此牛能否吃到圈外的草？

其实，这头牛当然能吃到草啦，因为题目中根本没说牛是被拴在木桩上的。

很多时候，生活会给我们设置很多潜移默化的规定，可是只要跳出这个思维常规，我们就会发现，一切皆有可能，根本没什么是不可能发生的。你可以很坚强，只要你想自己坚强；你可以很脆弱，只要你认为自己是脆弱的。

所以说，一切在于思索，对自己多加思索，对自己多加定位。

每一次挫折都是一种成长

路是大地一道难愈的伤痕，因此人生每一步都是隐隐的痛。

——北大人箴言

在北大校园中，你或许看到过这样一个女孩，她坐在轮椅上在校园里来来回回，出入不同的北大课堂。渐渐地，她成为了北大一道很特别的风景。

这位有异于常人的用轮椅行走的同学，在校园中给人们留下了深刻印象。她就是北京大学2002届的博士学位统招生，也是北京大学百年来第一位残疾女博士，来自河北的女孩，郭晖。

当你我在11岁的时候，应该还享受着被父母“捧在手心怕摔了，含在嘴里怕化了”的如珍宝般的呵护吧？但正是在这个本该可以向父母撒娇的年纪，郭晖却遭遇了人生不幸。

这一年，因为遭受了严重的伤害，郭晖高位截瘫。这期间，她还经历了两次开胸手术。对于许多人来说，经历其中任何一个手术，都是难以承受的，更何况她还要面对今后无法行走的绝望。

郭晖绝望过，也曾伤心欲绝，甚至想过轻生，所有关于未来的美好幻想似乎已经与她无关了。用了很长时间她才缓了过来，她很清醒地意识到自己不能再去学校上课了，甚至很多休闲活动都与她没有关系了。

可她是那么想要上学，想念书，不愿此生就这样沉沦下去。在她心中，对北京大学的向往并没有丝毫减弱，她希望用自己的努力考入北大，并希望北大能够第一次开先河，给残疾人一次机会。

在父母的帮助下，郭晖以自学考试的形式，完成了专科、本科课程的学习，并获得了学历文凭。这之后，她并没有放弃学习，而是让学习成了生活的一部分。接着，她又获得了山东大学的硕士学位。然后，就有了北大校园内来自郭晖的那--幕幕身影。

其实，郭晖在完成了北大博士入学考试，分数达到了相关要求之后，还发生了一些小挫折。因为北大百年历史上从没招收过如此高度残疾的博士生，所以校方在招收郭晖的过程中，也存在诸多疑虑。然而，北大从不会拒绝一个有梦的女孩，因为在郭晖的生命中，学习已经成为一种信仰，似乎也是她最好的朋友。最终，北大招生办经过多方权衡后，终于决定为郭晖开一次先河，向她打开了北大之门。

当初，一次次的打击并没有击倒郭晖，反而帮助她更快地成长。跌跌撞撞一身伤，却被郭晖视作青春岁月中的装扮，足以看出她是一个多么乐观坚强的女孩。

在郭晖迈入北大校园之后，她体会到了残妆也可以有绽放的时候。校方为了方便她的生活，便于家人照顾她，特意给她安排了供她独自使用的单人宿舍。她会进出的房间、楼道、厕所、教室等地方，原来的台阶改成了平坦的、可以使用轮椅通行的通道。自此，郭晖的身影穿梭于学校的图书馆、未名湖畔以及北大校园的各个角落……用轮椅行走的她，就像那水里的鱼儿、林里的鸟儿般自由自在、如鱼得水。

人活一世，挫折在所难免，跌跌撞撞一身伤，有些人就这样倒下了，而有些人却挺了过来。伤口会随着时间的流逝而愈合，伤疤却未必能够去掉。然而，正是因为这些挫折、这些印记，才让我们牢记人生不易，助我们成长。在每一次挫折之后，一些人绝望了，一些人却活得更加精彩。

北大人深深地知道“人生难免跌跌撞撞，没有谁的一生可以平坦且一帆风顺”这个简单的道理。其中，同样蕴含着深刻的人生哲理。人生旅途中，没有人能逃过挫折与成长，选择面对，还是逃避，人生会呈现不同的景象。

选择逃避的人，会形成一种习惯，此生逃避将成为他的宿命；只有选择勇敢面对的人，才能在挫折中快速成长，哪怕伤痕累累，也无怨无悔。伴随挫折而成长起来的人，都有一个绰号，名叫“坚强”。

北大成功秘诀——如何面对挫折

人生难免磕磕绊绊，尤其是青少年，人生经验尚浅，遇到挫折之后很容易一蹶不振。很多北大人同样会经历挫折，甚至要比普通人更多，但他们会将每一次挫折当成一种人生经历，绝不会自暴自弃，这样反而让自己更加成熟了。

我们来看看北大人是如何面对挫折的：

1.无论多大的风雨，始终微笑面对

北大人从不抱怨生活带来的磨难，哀叹命运不公。他们不会怨天尤人，反而能够从每一次挫折中成长。他们清楚，如果大海失去巨浪的翻滚，就会失去壮观的气势；沙漠失去飞沙的狂舞，就会失去它的内涵。因此，他们敢于向着暴风雨前进，在他们看来，如果能走过风暴，就一定会见到阳光。

2.遇到挫折积极应对，找方法对症下药

人生没有过不去的坎儿，任何挫折都会有解决方法，北大人在考验面前，总是能够合理地调控情绪，保持冷静，进行合理归因。在他们看来，如果眼前困难确实难以克服，就要放弃原有的目标，重新找准自己的位置。

所以说，遇到挫折时不要因为抱怨使自己陷入一蹶不振的境地，反而应该积极应对，寻找解决方法。

3.心理调适，减轻压力

巨大的挫折感会让人陷入绝望的境地，北大人深知其危害，所以绝不会让自己陷入被动境地。当遇到挫折时，他们会及时进行心理调试，避免因为压力过大而导致内心崩溃。

为了解除内心的不安，我们可以编造一些“理由”进行心理安慰，有助于消除紧张，减轻压力，使自己从不满、不安等消极的心理状态中解脱出来。

4.适时调整目标

假设你因为目标过高而导致压力太大，或者因为目标一时无法实现而自暴自弃，此时你应该及时做出改变。即便是北大人也并非无所不能，当他们发现目标难以完成后，同样会及时做出调整，寻找比较容易达到的目标来替代，这也是一种适应的方式。

5.及时疏导和转移情绪

遭遇挫折后，情绪往往会很糟糕，这时应该怎么做呢？及时疏导情绪，并通过一些方法转移注意力是最好的办法。比如，做一些自己喜欢的事疏导情绪，如集邮、写作、书法、美术、音乐、舞蹈、体育锻炼等方式，这样能够有效地使情绪得以调适，人也不会钻牛角尖了。

【北大考考你】

并非神枪手的甲手持猎枪，乙将一顶帽子挂起来，然后将甲的眼睛蒙上，让甲向后走十步，再向左转走十步，最后转身对帽子射击。结果甲一枪打中了帽子，这是怎么回事?

很多人百思不得其解，大家不断给这位枪手设定不同的可能性。其实，只要你开阔思维想想就会发现，事实上，只不过是因为乙将帽子挂到了甲的枪口上。

生活就是这样，你觉得自己不是神枪手，不一定能像神枪手那样射得准。可是如果你愿意发挥自己的想象力，努力去探索，去结交朋友，很多事情就能换个方式、换个角度地去达成目标。

所以说，人生的关键不在于你每次都得成功，而在于你要懂得在失败中迂回地寻找另一种成功的方法。

第二章
北大信条——做最好的自己

跑赢时间的人永不会输

我们必须一年365 天，一天24小时地具备最高竞争意识，否则就会失去斗志。

——北大人箴言

人们常说，永远跑不赢的是时间。的确如此，但是如果你改变参照物，就会有机会获胜。如果你把“时间”作为对手，永远都没有胜算；如果你把“别人的时间”作为参照物，则会很容易超越。

凌晨四点半，你在做什么？我想大部分中国人都在睡觉，但也有一些人跟我们不一样。他们或者依然坚守在工作岗位，或者伏案读书，亦或已经起床，在黎明之前便开始了新的一天。

为什么不睡觉？因为他们想赢，在其他条件均等的前提下，唯有在别人睡觉的时间依然努力付出，才可能超越他们，别无他法。

有这么一群人，他们将生命献给了目标，他们在追逐中享受人生的精彩。他们不是夜猫子，他们也会困得睁不开双眼，但他们依然选择坚持，因为他们的人生注定与众不同，他们的人生注定更有意义。

在这群人之中，自然少不了北大人的影子，无论是莘莘学子，还是社会栋梁，他们的凌晨四点半静悄悄，没有鼾声，没有纷扰，只有笔耕不辍的写字声，只有不断敲击键盘的声音，还有星辰，一闪一闪，映照出未来的锦绣前程。

从北大走出来的学子，大多有熬夜的习惯，因为学生时代，他们的凌晨时光永远灯火通明。他们这么拼命是为了什么？因为他们有目标，他们要超越别人，超越自己，他们要的是一个精彩纷呈的未来。所以，他们将别人睡觉的时间用来读书，正是无数个月明星稀的凌晨，拉开了彼此的差距。

他叫任继愈（1916—2009），中国佛教哲学家，1934年考入北京大学哲学系，1938年毕业。1939年考取西南联大北京大学文科研究所第一批研究生，师从汤用彤和贺麟教授，攻读中国哲学史和佛教史。1941年毕业，获硕士学位。1942—1964年在北京大学哲学系任教，历任讲师、副教授、教授。1956年起兼任中国科学院哲学研究所研究员。

任老一生以学术为生命，达到了一种超然的人生之境，在该领域无人能及。在很多人看来，古籍整理是一项枯燥无聊的工作，任先生也对此深感忧虑："古籍整理工作又难学又枯燥，愿意坐冷板凳的青年越来越少，后继乏人的困境越来越严重。能安心一项工程十年不松懈，没有时间发表个人文章。而目前的聘任制度，如评定职称、工资待遇的现实问题，对长期古籍整理者，处于不利地位。不计待遇报酬，甘心奉献的人难以找到。"

意识到这种局面之后，任老便开始为古籍整理争取应有的学术地位，同时身先士卒，毫不犹豫地挑起这一重担。

已过耄耋之年的任老依然不遗余力，在他的主持下，总字数过一亿的《中华大藏经》历经十余年完成了107卷。虽然年逾九旬，任继愈先生仍然对自己的学生尽心尽责，他会一字一句去修改学生的论文和出版物，连标点符号都不放过。

任继愈先生历经15年编纂了《中华大藏经》和《中华大典》，其实这根本不是他的业内工作，但他很清楚，国家将这项任务交给他，就意味着一种责任，他绝不能辜负这份信任。

几十年如一日，任继愈老先生兢兢业业，始终不渝，更令世人钦佩的是他身上传承的北大精神，任老每天早晨四点就起床，一直工作到晚上八点。直到去世前两个月，他还坚持到国家图书馆去上班。即便为此做出了巨大的牺牲，任老也不悔初衷。任老右眼失明多年，左眼视力也只有0.6左右，但任老在凌晨四点半已经端坐在办公桌前，开始了崭新的一天。

任老最终跑赢了时间，超越了所有人，也超越了自我。"知识分子要把知识奉献给人民"，这是任继愈先生的名言，让我们以此铭记，人生的意义在于奉献，在于奋斗。

时间是公平的，在有限的生命里尽可能多做一些有意义的事，一天24小时，也只有24小时，北大人与普通人的差距，也就是这样拉开的。

北大成功秘诀——夜间读书效率倍增的秘密

挑灯夜读真的很熬人，需要较强的意志力作为保证，同时还要提高效率。既然这么辛苦，没有效率岂不是白费时间？下面，看看北大人如何保持夜间读书的高效率吧：

1.明确当晚学习目标，不达目标誓不睡觉

为了提高夜间读书的效率，就必须给自己制定目标。北大人通常会用笔列个清单出来，这样更便于安排时间，而且不致手忙脚乱，他们绝不会在没有完成目标的前提下回宿舍睡觉，那样会有一种负罪感，最终也睡不好觉。

2.在夜读之前，关掉一切电子设备

北大学子在夜读之前，除了手机调成静音之外，会关掉一切让自己分心的电子设备，关闭各种聊天软件，全身心投入读书之中。

很多学生也会为了应付考试而夜读，但是他们的效率却差得惊人，不仅影响学习效率，还耽误了休息时间，其原因就在于他们读书时经常分心，一会儿听音乐，一会儿看电影，一会儿打游戏，一会儿“QQ”又响了……他们根本不是去夜读的，更像是去凑热闹的。

既然你选择把别人睡觉的时间用在学习上，那么又何苦让这些本可以避免的外界因素干扰学习呢?

3.强迫自己进入学习状态

在夜读开始之前，很多人都难以进入学习状态，要么犯困发呆，要么被琐事分心，即便是北大人也不例外。但他们有办法，那就是强迫自己进入学习状态，有时候学着学着就不困了，读着读着就不烦了。随着时间的推移，思路也会变得更加清晰，不久便能够进入读书状态。

4.晚饭不要吃太饱，避免犯困影响效率

吃饱了犯困是人之常情。俗话说：早上要吃好，中午要吃饱，晚上要吃少。那些北大学子如果晚上要去补习功课，晚餐绝不会大吃大喝，否则刚开始复习就困了还得了!

此外，晚餐最好多吃素，少吃肉，这样既有利于消化，同时也能够提高学习效率。

5.咖啡提神却不提高效率

很多人在熬夜学习时，习惯性地喝咖啡或喝茶提神，但事实上，咖啡因虽然能够起到振奋精神的作用，但对提升学习效率却没多大效果。

此外，如果喝太多咖啡，当你复习完之后，想睡都睡不着了，会严重影响身体健康。另外，一定要少喝饮料，因为含糖饮料会减慢你大脑的思维速度，影响你的判断，进而影响学习效率。

6.劳逸结合，每隔一段时间休息一会儿

不要因为珍惜时间就不停地看书，那反而会降低效率。累了就歇会儿，四处走走，吃点东西，喝点水。累的时候透过小吃店的窗户欣赏下夜景，虽然除了路灯什么也看不到，却能很好地感受一番静谧，这也是休息的绝佳方式。

【北大考考你】

有一个非常棒的网站，提供在线杀毒、软件、音乐、MTV等，为什么却很少有人浏览呢?

人们会想到很多不同的理由，比如网站收费过高、网站上传下载速度过慢等等。当然，这些是重要的因素之一，不过大家忽略了一个大前提，那就是这个网站的知名度。

其实，这个网站之所以很少人去，只不过是因为知名度过低，知道这个网站的人太少罢了。

同样的道理，我们每个人所拥有的能力都是不同的，但是如果你有能力而不会运用、发挥的话，那就和没有能力是一样的。相反，如果你拥有的能力不多，却善于运用，精于变通，懂得让别人知道你的能力、赞赏你的能力，那么这个仅有的、小小的能力也一样可以发挥出大作用。

不一味低调，也不一味张扬

做人的最高境界不是一味低调，也不是一味张扬，而是始终如一的不卑不亢。

——北大人箴言

北京大学是一所优秀的大学，所以想要考入北大的学生很多也就不足为奇了。在越过北大校门那道门槛的过程中，有人成功了，有人失败了。那些有幸进入北大学习的人，都是全中国最顶尖的学生。

作为北京大学1996年德语语言文学系毕业的张泉灵，就用她的聪明才智，赢得了“北大才女”的赞誉。

作为“北大才女”，张泉灵在毕业之后考入了中央电视台。其实，当她还在北京大学就读的时候，就已经在与中央电视台合作的节目中担任过主持人。当时的《中华文明之光》节目就是北大与中央电视台合作录制的，这也是张泉灵走向荧屏的开始，而这样的工作也让她走进了人们的视野。她被无限“放大”了。

主持人在当时是一种特别高端和时髦的职业，所以张泉灵的穿着打扮、言谈举止与别的同学略有不同。这本是工作需要，却总是给人一种“张扬”的感觉。

但张泉灵很不喜欢这种感觉，她本人十分低调，也只想过普通人的生活。面对看似矛盾的两面，她又该如何去做呢？“不一味低调，也不一味张扬”成了张泉灵的座右铭，同时也是她平衡两者的一个砝码。

在工作中，张泉灵加入中央电视台后，主持、编导过许多档节目，其中更不乏《中国报道》《东方时空》《人物周刊》《焦点访谈》《新闻会客厅》

等收视率非常高的节目。当然，一个人不是简简单单就能获得如此成功的。比如，即使有再好的工作条件与工作环境，如果自己不付出努力，也同样无法获得今天的成就。

在“5·12”汶川地震发生时，张泉灵刚从珠穆朗玛峰这样的高海拔地区下来，她顾不上休息调理，也顾不得回家看一眼不到两岁的儿子，而是立刻奔赴地震灾区进行报道，让电视机前的观众能及时知晓灾区的消息。

因为她主持的节目出色，收视率高，备受大家关注，所以被有些人认为是她过度“张扬”。张泉灵曾在公开场合表示：“工作中的张扬，是一种对工作的热爱而情不自禁散发出来的工作热情。”

而在生活中，张泉灵则非常低调。举个例子，如果你去问别人张泉灵是谁，很多人都能说出她是中央电视台的节目主持人。但是，如果你去问别人张泉灵的老公是谁，那么知道的人就少多了。因为这件事，还曾经闹过一个“乌龙事件”。

由于生活中的张泉灵过度低调，所以大家对她的生活几乎一无所知。然而，出于好奇心，人们开始纷纷猜测她的生活，于是一些八卦消息也就出来了。有消息指出，曲向东既是张泉灵北大的学长、央视的同事，同时也是她的老公。因为这则消息越传越大，当事双方不得不出来澄清。其实，张泉灵真正的老公另有其人，至于究竟是谁，现在公众也不得而知。

张泉灵用自己的故事告诉我们，不要一味地低调，尤其是面对工作应该保有的张扬。当然，也不要一味地张扬，特别是面对生活应该保有的低调。

低调与张扬是不一样的，这是两种不同的态度。但是，低调的生活有时候也不是想要就能拥有的，比如因为工作的关系影响到自己的生活，甚至让自己的一些隐私被曝光。故事中的张泉灵面对的就是这样的困扰，但是她智慧地选择了低调到底，保护了自己的家庭。

北大成功秘诀——如何保持低调

想要学会保持低调，学习北大人的做法一定没错。他们是天之骄子，被很多人羡慕，所以一言一行要特别注意。下面就来看看他们是怎么做的吧：

1.学会赞美

每个人都喜欢被人赞美，这是一种内在需要。赞美要发自内心，表现得要真诚，这样才能够拉近和别人的关系。

2.与人为善

与人为善是保持低调的好方法。举个例子，假如你是一个有钱人，又表现得飞扬跋扈，自然会招来更多的敌意与嫉恨。

3.懂得避让

如果有的人就是对你看不惯，忌妒你，那么就要学会避让，及时和他们划清界限。

4.学会澄清

假设一些忌妒心强的家伙故意诽谤你，那么你就不能再低调了，要学会澄清事实。

5.自然表达

你不必因为害怕别人忌妒而不敢讨论自己的看法，只要自然地表述就行了，这是你的权利。但要注意不可四处炫耀，否则可能会成为别人攻击的对象。

【北大考考你】

歹徒劫持了两名路人，他手里拿着一把手枪，但里面只有一颗子弹。歹徒对路人说，谁动就打谁，结果最后没动的路人反而挨了子弹，为什么？

答案非常简单，那是因为不动的人更容易命中。

这说明什么？其实，这说明很多时候，我们过于低调、过于被动、过于听天由命不一定是好事。虽说做人高调不是好事，可是任人摆布就容易出现问题，对自己的发展不利。因此，必要的时候，一定要学会发出自己的声音。

跟随时间的脚步，见证努力的成果

成就一番伟业的唯一途径就是热爱自己的事业。如果你还没能找到让自己热爱的事业，就继续寻找，不要放弃。跟随自己的心，总有一天你会找到的。

——北大人箴言

在北大校园，有着这样一群人，他们没能考上北大，面对高考的失利，以及对北大的向往，毅然决定让自己置身于北大，想要通过身临其境的方式感受北大的神圣与荣耀，并获取北大所能带给他们的无尽知识！

这其中，最有名的恐怕要算《站着上北大》一书的作者甘相伟了，他的故事很多人已经耳熟能详，所以我们要介绍的是另外一个人，他的名字叫张国强。

张国强作为北大的一名保安人员，在做好本职工作的同时，一直想着提升自己，要用知识改变命运。

按常理我们可能会觉得，保安对于文化知识的要求并不高。但是，张国强可不这么认为，他不断学习，不断提升，希望有一天不再为北大站岗，而是走进北大课堂。

张国强最开始在老家某建筑工地打工，后来到北京当保安。刚来到北大校园的张国强，看到北大学子与外国友人流利地交谈，很是羡慕，也意识到了学好英文的重要性。可是，连普通话都说不好的他，学习起英语来非常困难。

每一天，张国强看着校园内来来往往、步履匆忙的学子们；看着未名湖畔一个个努力背诵的身影；看着夜晚自习结束后，从教学楼和图书馆如蜂般涌出的学生……这一切都让他感到，学习是一件能让人无比快乐的事情。在这样的氛围下，张国强坚定了信心，用学习来改变自己的命运。

于是，张国强决定继续学业，参加北大的成人考试。下定决心之后，因为怕被人笑话，他就跟身边的人说参加了函授学习，没有敢把自己想考北大的真实想法说出来。时光飞逝，经过努力，他拿到了北大自考的大专文凭。

之后，通过自学，张国强还通过了在许多人看来很难的司法考试、企业法律顾问资格证……他就这样一直努力着，不断提升自己，一步步改写着自己的命运。

当然，这其中的过程是曲折的。例如，在参加法律专业的自学课程时，有的字张国强都不能认全。不认识就查字典，一边背书中的知识点，一边去学习书中不认识的字。学习过程中遇到的其他大大小小的困难，张国强都挺过来了。

现在，张国强已经是北大保安队的队长。在北大，许多人都认识他，人们称他为“考证达人”。张国强用自己的努力，获得了别人的敬佩和认可。

想要成为更加优秀的人，成长之路上的艰辛必不可少。无论出身如何，每个人都有资格活得更好，活出尊严，只要你愿意付出超出他人数倍的努力。

跟随时间的脚步，见证努力的成果，张国强能做到的，你也可以！

北大成功秘诀——克服厌学情绪

北大人将学习视为一种信仰，一种伴随终身的习惯，所以考证对他们来说根本不算什么。像张国强这样的考证达人有很多，他们不会对此反感，反而感到轻松。然而，对于很多人来说，不要说考取诸多证书，就连持续学习一段时间都很困难，很容易产生厌学情绪，所以学会克服厌学情绪非常重要：

1.保持好心情

在北大人看来，产生厌学情绪的主要原因是心情不佳。回想自己的学习经历，就会发现不无道理。当我们处于情绪的低谷时，不要说学习，就算是玩也会闷闷不乐。因此，保持好心情对于提高学习效率很重要。

当心情低落或是不想学习的时候，北大人是怎么做的呢？他们会放下手里的课本，听听音乐，外出散散步，让自己度过“学习疲劳期”，等心情好转之后再拾起课本。

2.交替学习法，不要死读一门功课

如果你将精力放在一门功课上，那么很容易出现厌学情绪。北大人深知此点，所以他们利用交替学习法缩短“学习疲劳期”。举例来说，用两个小时学英语，当兴致降低或感到疲倦后，转而温习语文。利用这种方法，可有效平衡各门课程，而且不易产生厌学情绪。

3.适当运动，精力更旺

累了的时候出去跑跑步，走一走，看看风景。运动不仅会起到放松的作用，还能够为自己提供充足的精力，在精力旺盛的状态下，也就不会产生厌学情绪了。

4.精神鼓励法

当我们在学习中遇到难题，百思不得其解时，最容易产生厌学情绪。在你找到解决方法之前，不要自暴自弃，而是应该自我鼓励。只有保持自信心，才能时刻保持学习的兴趣。

【北大考考你】

一次课堂上，北大教授就同学们交论文的事儿提出了一项小调查。他问同学们：眼下，如果你们的论文提交时间已经快到截止日期了，可是你的论文还没有完成，你会如何？请在下面三个选项中选一个最贴合你赶论文状况的。

·你会抓紧干，而且加快效率，但出错也不多。

·你会努力干，逼着自己干，可是却频繁出错。

·你心里会着急，但还是维持原来效率，避免出错。

这是一道思考题，其实教授是想看看同学们的应变能力。

选择第一个选项的，是一个应变能力比较好的人，而且精力旺盛，他们能更好地面对生活中不期而遇的变故和挑战。

选择第二个选项的，应变能力中等，面对突如其来的变化，很可能在调整计划的过程中出现纰漏。

选择第三个选项的，应变能力较弱，在适时调整自我计划等方面稍微弱一点，但是他们却有坚韧度，只要坚持努力，还是能够扭转劣势的。

从来没有太晚的开始

只有每天再度战胜生活并夺取自由的人，才配享受生活的自由。

——北大人箴言

在北大人的概念里，从来没有太晚的开始，他们并不奢求走出校园便获得成功，甚至可以接受长时间的默默无闻，然而绝对没有人放弃。也许他们在等待一个机会，也许他们觉得时机未到、羽翼未丰。总之，他们知道，一切都还没有开始。

20世纪50年代，在北大有一个名叫赵鑫珊的大三学生因为考试成绩没过留级了，这本是一件稀松平常的事，但让人觉得奇怪的是赵鑫珊本身的成绩很好，怎么会因为考试不过而留级呢？

当辅导员找到赵鑫珊谈话才知道，原来，考试不过居然是赵鑫珊故意的。他告诉辅导员，故意考砸的原因很简单，就是他觉得自己还不够资格毕业。

俗话说得好："毛羽不丰满者，不可以高飞。"如果连自己都觉得自己不够优秀、不够成熟，哪里有资格去外面的世界竞争和翱翔。所以在进入大四之前，赵鑫珊以这样的方式选择了留在校园，继续学习和深造。

赵鑫珊的行为在当时的人们看来，是一个疯狂的举动，这样的做法在北大堪称绝无仅有。试想，即使是现在的你，为了留在北大，应该也不会选择故意考砸吧？

那么，一个20世纪50年代的新中国大学生，究竟是一种什么样的力量在牵引着他，使他成为学界的一个异数呢？究其原因，主要在于赵鑫珊先生有着明确的自我认识。他意识到自己不够完美，所以宁愿多读一年也不离开校园。因为他清楚，想要高飞，这样的一个积累过程是非常重要的。

明白了这一切之后，赵鑫珊开始设立明确的目标，他要变得更加优秀，所以他开始努力地读书学习，然后把自己的收获和新知识用著书的形式来分享。当然，他很清楚这是一个漫长的过程。

时至今日，赵鑫珊已经是一个成功的社会科学研究专家，出版作品近五十本。这些作品的质量都是相当高的，每一本书都对哲学、诗歌、物理、音乐、建筑、数学等不同领域有着一定的影响。

赵鑫珊不断努力，去实现人生中一个又一个目标，在一切要趁早的时代，他并没有害怕太晚而无法成功，他始终相信，从来没有太晚的开始。

很多事，你以为错过了，来不及了，其实一点都不晚。从来没有太晚的开始，如果你有想要去完成的目标和想要去实现的理想，当下永远是最好的开始。

生活中，我们常常会遇到这样一些人，他们的工作比较困窘，他们的工作比较迷茫，而他们的口头禅也是："我这一辈子也就这样了。"这些人是最反面的教材，看看50岁创业成为亿万富豪的陈泽民、72岁创业成为肉类食品大王的陈欲光，他们在如此高龄依然能创造一个崭新的人生，我们还有什么可抱怨的呢?

记住，人生没有太晚的开始!

北大成功秘诀——为自己列一张人生清单

对于北大人来说，从来没有太晚的开始，他们有很多梦想未完成，所以他们会给自己设定一份人生清单，在有限的生命中，尽可能去完成这些目标。这是一位北大毕业的企业CEO的人生清单，参照这些目标，也试着写下你的人生清单吧：

选择自己热爱的职业

毕业后进入世界500强公司工作

每年进步一点点，工资涨幅保持在10%

五年内成为所在领域的精英，十年内成为该领域的专家

40岁前创业，开一家自己的公司
找到一个心爱的女子结婚
55岁之前退休，周游世界
回到童年玩耍过的地方
拜访曾经的恩师
写一本自己的书
找到人生挚友
追寻生命导师
去另一座城市生活，感受别样人生
挑战人生极限，做最勇敢的自己
每天改掉一个坏习惯
每个月读一本好书
再忙也要抽出时间陪父母、陪家人
培养兴趣爱好，让人生变得有滋有味
订立每周计划、每年计划或更长期的计划

【北大考考你】

在一次美术写生课堂上，北大美术系教授问学生们一个问题："如果你提前准备了今天要去春游写生，但是出门前天色变了，下了小雨，你还会按照原定计划，继续在今天春游写生吗?"

大部分学生认为下雨天写生简直是扯淡，计划应该及时调整。而有的同学则认为，先出门看看，如果到达目的地还是下雨，那就改变计划，下雨天总有下雨天能做的事。还有的同学认为，无论如何，给自己定下的计划最好不要改变，现在可能还在下雨，可是指不定到了郊外，雨就会停。

其实，北大教授想考验学生们的乐观程度。选择未出门看到下雨就改变计划的同学，难免对生活有点悲观，他们容易看到事物发展中不好的一面，担心失败，宁愿不尝试也不愿尝试的过程中遇到困难。

选择出门了再说，要是到达目的地还下雨的话，再及时调整计划的同学比较客观，他们能正确看待生活中的阴暗和光明，他们不会过分乐观，也不会过分悲观。

而选择无论如何也坚持计划的同学，是典型的乐观主义者，总是看到生活中美好的一面。不过，过于乐观也容易使人失去客观判断。

1000次假设，敌不过一次行动

人生短短数十载，何必怕这失败，怕那不成功的。当你真的去努力了，去奋斗了，上天会眷顾你的，只是你也许会死在你成功的昨晚上。

——北大人箴言

1916年，朱自清先生成功考入了北京大学预科，1917年正式成为北大哲学系本科部的学生。对于朱自清先生，很多人应该不会陌生，因为他的文章经常出现在我们的教科书中。很多人都知道《荷塘月色》，这篇文章出自朱自清之手，后被教科书采用。他的散文素朴缜密、清隽沉郁，以语言洗练、文笔清丽著称，极富有真情实感。

《荷塘月色》于1927年见报，发表后读者的反响很好。但在1927年的某一天，一位名叫陈少白的读者给朱自清写了一封信。在信中他提出："对于月下荷塘的描写中，内容有不符合实际的情况。因为树上的蝉到了夜里是不会叫的。"

接到了这样的信件之后，朱自清非常重视，先是查找大量的资料，但是没有找到结果。一个办法不行，他又找身旁的朋友进行询问，还找到一些昆虫学方面的专家、教授进行询问，大家给出的答案也与这个读者反映的一样，书中描写的现象好像确实有误。

于是，朱自清给陈少白回了一封信。他在信中说："我请教了昆虫学方面的专家，专家也认为蝉在夜晚是不叫的。"同时，他也跟这位读者说，以后《荷塘月色》再版时，会删掉关于月夜有蝉声的句子。

事情告一段落后，这样的疑问却一直萦绕在朱自清的脑海中，因为他依稀记得自己曾在夜里的河边听到过蝉鸣。于是，朱自清决定去探个究竟。

此后，一旦夜里有空，朱自清都会前往荷塘，经过一段时间的亲身考察，他发现其实蝉在夜晚是会叫的。1948年，朱自清先生特别用《关于“月夜蝉声”》一文对此事进行阐述。

内容是这样的——

“我们往往由常有的经验作概括的推论。例如，由有些夜晚蝉子不叫，推论到所有的夜晚蝉子都不叫，于是相信这种推论便是真理，而其实是成见。这种成见，足以使我们无视新的不同的经验，或加以歪曲的解释。我自己在这里是个有趣的例子。”

我们都清楚行动的重要性，也明白“想得再多，不如亲自动手试一下”的道理。可是当你处在苦苦追寻结果的过程中，是不是依然能保有这样的心态，并且坚持不被任何因素所影响呢?

如果你喜欢一份工作，如果你想做一件事情，那么你没有去争取，就等于放弃。1000次假设，敌不过一次行动，如果你想要做一件事，现在就是最好的开始。

北大成功秘诀——行动力提升攻略

你的计划再美好，如果总是空想而不行动，那么一切计划都毫无意义。行动才是成功的开始，看看北大人都是如何告诫自己行动的重要性吧：

1.傻子才会等到时机成熟

现代社会竞争激烈，如何在与别人的竞争中取得先机呢？这就要求人们率先采取行动，不要等到条件都完美了才开始，那样你很可能错失良机。

当你有了不错的想法，就要果断地行动。你会在行动过程中做出调整，也会因为你的果断而收获颇丰。

2.成为实干家，而非空想家

一个没被付诸行动的想法在你的脑子里停留得越久，就会变得越弱，直到逐渐模糊，被你遗忘在记忆深处。空想是不会带来任何改变的，只有行动可以!

3.你的顾虑都会因为行动被打消

行动是打消顾虑的最佳方法。万事开头难，一旦行动起来，你就会建立起自信，事情也会变得简单。

4.你总会找到拖延的借口

拖延会使你的计划成为泡影。谁都知道制订计划的好处和拖延的不利影响，可是一旦付诸行动，总是不自觉地为自己的拖延寻找各种借口。在一个又一个借口面前，你就会沦为平庸者。

5.分清主次关系

要学会在闲暇的时候理清头绪，分清事情的轻重缓急，然后依次解决问题。提高效率的关键就在于能够分清事情的轻重缓急。

6.不闲谈，立即切入正题

我们很容易被琐事打扰，如果你不避开这些让人分心的事情来谈正事，它们就会花掉你很多时间。因此，直奔主题，先谈重要的事，是培养行动力的绝佳方法。

【北大考考你】

有一个师傅，隐居在山林中，每天他都会叫弟子们下山砍柴、取水。不过，他们所住的地方比较远，必须要越过一条河，才可以到达对面。

有一天，下着大雨，发着洪水，弟子们来到河边后，无论怎么努力都过不了河。弟子们很犹豫，生怕被师傅责怪，只有一个弟子随手摘了一个苹果，兴高采烈地回去了。

这个弟子回到家后，师傅不仅没有责怪他，反而赞扬了他。你觉得这是为什么?

这是因为，生活中我们总会遇到各种绊脚石，如果我们无法控制我们掌握不了的因素，就只能因地制宜地做出判断、选择，就像那个摘苹果的弟子，既然没有办法过河砍柴、取水，那么好歹也摘个苹果，这才算是不枉此行。

第三章
没有翅膀，所以努力奔跑

与其逃避现实，不如笑对人生

很多我们以为一辈子都不会忘记的事情，就在我们念念不忘的日子里，被我们遗忘了。

——北大人箴言

面对激烈的竞争，面对残酷的现实，很多人会想逃，但人生根本无路可逃，你终究要学会面对或好或坏的人生。

许多时候，人生是很现实的，例如你的学习成绩不好，就没法考入北大。但是，这些都是可以改变的，关键在于你如何去面对。一次没能考上北大，可以选择来年再考，那么机会就会增加。

遇到困难，可以绕开，但当你还在为成功逃开困难而沾沾自喜时，你也逃开了成功。所以，与其逃避现实，不如笑对人生。

1982年，北京大学国际政治系迎来了一位新生，她的名字叫张璨。想当外交官的她有着活泼开朗的性格，也有着广泛的兴趣爱好。在北京大学上学期间，她在学生会的文化部担任副部长一职。此外，她还参加了第二届大学生演讲大赛，并获得了该项比赛的第一名。这样的历程让张璨朝着她的梦想一步步前进着。

但是，在张璨大三那年，却发生了一件大事。因为张璨考上北大前一年报考了另一所大学，该所学校同样录取了她，但她却没去报到，而是在复读一年后考上了北大。

根据当时的规定，如果学生没有去录取他的学校报到上课，需要停考一年。所以，张璨在大三那年被学校告知取消了学籍，这就意味着她无法拿到北京大学的毕业证书了。

如果换成别人，这个消息无异于晴天霹雳，因为直接影响今后的就业、前途，甚至一切梦想。然而经过在北京大学两年的学习，张璨已经积累了足够的知识与经验，最重要的是她已经学会以平静的心态面对人生的波折。

在短暂的调整过后，张璨接受了这样的事实，虽然明知无法拿到毕业证书，却依然坚持在北大完成学业。

就这样，大学四年很快过去了，张璨面临着择业、就业的问题。与班上顺利毕业的同学不一样，虽然成绩合格，张璨却拿不到毕业证。眼看着其他毕业生都被分配到了好的单位，张璨却因为被注销学籍而得不到这样的机会。

面对这样的困境，张璨没有放弃，也不气馁，她在北大附近的中关村奔波着为自己找工作。然而由于没有毕业证，屡次碰壁。这时，张璨做出了一个惊人的决定，她不再找工作，而是选择了自己创业。

在攒够了一笔创业资金之后，张璨注册了一家电脑贸易公司，并将公司取名为“达因”。公司在张璨的带领下日益成长，规模也随之不断壮大着。再后来，公司业务扩展到房地产行业以及显示器的生产。

现在，达因已经成为一家有实力的集团公司了。张璨就是这家集团公司的掌舵人，她同时掌管着集团旗下的几十家分公司。

张璨能有今天，与她当时良好的心态是分不开的，面对看似绝境的现实，张璨以积极的心态面对，选择笑对人生，结果生活也给了她丰厚的回报。

在离开北大11年之后，老天给了这个不屈不挠的北大人又一次机会。1997年初，张璨参加了达因集团在北大经济学院创办的研究生班，并最终拿到了盼望已久的北大学位。

很多时候，面对现实的打击，我们应该看得开一些。如果你只是怨天尤人，那么新的机会也会离你而去。

面对现实给予的打击，如果选择逃避的话，就只会让自己固步不前。反之，如果能够看开些，继续用良好的心态做好后面的工作，不断努力，那么你一定会有所收获的。

北大成功秘诀——赢在心态

笑对人生说起来容易，做起来则很难，这完全取决于一个人的心态。谁能以积极健康的阳光心态看世界，谁就会赢得自己的人生。

看看北大人是怎么建立好心态的：

1.始终从积极的角度思考

卡耐基说过："一个对自己的内心有完全支配能力的人，对他自己有权获得的任何东西也会有支配能力。"因此，当我们开始用积极的心态思考时，呈现在眼前的必将是希望与成功。

2.改变消极的人生态度

如果你从前总是看到人生消极的一面，信心不足，那么从今天起，你要彻底改变。每当消极情绪出现时，立刻转换角度，往好的方面想，时间久了，你就自然而然地变得积极乐观。

3.用积极阳光的行动感染他人

生活中，没有人愿意与充满负能量的人在一起，每个人都喜欢性格开朗、能够带来欢乐的人。所以，你应该变得积极乐观，并用这种充满正能量的心态去感染身边的人。当你让别人感受到快乐和美好，别人也会以此来回报你。

【北大考考你】

从前，有一只老鼠在庙宇的佛像后面安了家。每天前来朝拜的人都会给佛像供奉食物，磕头跪拜。老鼠住久了，就习惯了人们供奉的食物和虔诚的跪拜，它不仅失去了野外求生的能力，还变得懒洋洋的，孤高自傲。

一次，一只饿坏了的野猫进入了庙宇，一把将懒洋洋的老鼠抓住。老鼠骄傲地说：你不能吃我，因为我代表神明。

野猫笑了笑说：你是吃供品吃晕了吧！人家供奉的是佛像，哪是你啊？

说罢，野猫便吃掉了老鼠。

这个故事告诉我们，很多时候我们被眼前的生活所蒙蔽，会自我麻痹地认为目前很好。殊不知，正是这种不懂得居安思危的态度，慢慢地将我们推向了灭亡。

有错过，才会有新的遇见

上帝给你关上一扇门的同时，也会为你打开另一扇窗。

——北大人箴言

我们都曾经错过一些美好的事情，例如缘分或是财富。但人生很长，这一刻错过的，下一刻也许就会遇见。

中央电视台著名节目主持人撒贝宁毕业于北京大学。在北大的时候，他就是一位文艺骨干。从学校的合唱团到学校的戏剧社，大大小小的社团中都留下了他那洒脱自如的身影。

当年，撒贝宁是被保送进北大的。接着，他研究生也被保送。在1999年1月，撒贝宁还没毕业，就已经进入了央视《今日说法》栏目，担任主持人一职。如今，撒贝宁已经是著名的法制节目主持人。

撒贝宁的人生是否看起来太过顺风顺水？其实不然，他也是在有过很多次的错过之后，才有了新的遇见。

当年，撒贝宁就差点错过了做主持人的机会。当时《今日说法》节目组来北京大学进行招聘，撒贝宁正好不在学校，错过了第一次机会。

后来，当撒贝宁听说电视台还在继续招聘主持人这个消息后，果断地向老师要了电视台工作人员的电话。他准备毛遂自荐，弥补错失的机会。

由于当时电视台还未招聘到合适的主持人，所以当撒贝宁打去电话之后，对方给了他一次面试的机会，结果他一举夺魁。

时间再往前推溯，撒贝宁在进入北大之前，也经历了一次错过与遇见的轮回。

当年，撒贝宁因为中考成绩不理想，与心中理想的高中错过了。当时的他很气馁，也很消极。在经过一段时间的自我调整后，撒贝宁自我安慰："只要我努力，在哪里都一样都能考入好大学。"

就这样，撒贝宁来到了另一所学校，最后他凭借优异的成绩被保送进了北京大学。这何尝不是因为一场错过而导致的新的遇见呢?

今天的撒贝宁已经是中央电视台的优秀主持人，有着颇高的人气。他同时主持着好几档重量级的节目，例如《开讲啦》《出彩中国人》《梦想合唱团》《梦想星搭档》等，都是收视率不错的节目。而这一切应该也是在我们所不知道的一场又一场错过和遇见中进行的。

不要为错过追悔莫及，因为错过之后必有新的遇见。假如一直沉浸在错过的忧伤中，那么同样也会失去遇见的喜悦。

所以，当我们遭遇"错过"时，唯一要做的就是让自己更优秀、更强大，这样在下一次机会到来时果断抓住就可以了。否则，我们可能将会遭遇更多的"错过"，而不是更多的"遇见"……

北大成功秘诀——赢得属于你的机会

每个人的一生中都会遇到大大小小的机会，为什么有些人如此成功，就像很多北大毕业生一样成了令人羡慕的少数人，很重要的一点就是他们善于把握机会。

这些人很清楚，不是每一次机会都能被很好地抓住，因此他们格外珍惜机会，有意培养把握机会的能力。此外，他们也会主动出击，创造并赢得属于自己的机会。下面就让我们看看他们是怎么做的吧：

1.了解自己，告诉别人你是谁

一个人最重要的就是要了解自己，之后才有资格去谈论把握机会的事。了解自己、认识自己，然后再把自己给推销出去，这样别人才可能认识你，你也才能得到更多的机会。

2.改变想法，拒绝拖延

错误的想法会直接导致机会的错失，很多人习惯了拖延，而且这样的想法已经根深蒂固，结果在机会面前犹豫不决，从而接连错失机会，自己却不以为然。

当你有了动机，迅速踏出第一步是很重要的。不要想立刻改变之前的习惯，只需强迫自己现在就去做你所拖延的某件事。从明早开始，每天都从你的目标清单中选出最不想做的事情先做，久而久之，你的观念就会改变，拖延症也就会有所好转。

3.善于与人相处和交流

由于独生子女的关系，很多孩子习惯了独处，不善于与人交流，这也导致了很多机会的错失。要知道，机会都是人给的，是在与他人互动过程中出现的。

英国作家萧伯纳说过："两个人交流思想和两个人交换苹果完全不一样。交换苹果，每个人手上只有一个苹果，而交流思想，每个人能同时拥有两个思想。"

【北大考考你】

在唐朝的时候，一个周边小国派来使者，给唐朝皇帝送了三个小金人，同时，也给皇帝抛出了一道难题：这三个小金人中，哪个的价值最高？

皇帝急坏了，三个小金人看起来明明一模一样啊！于是皇帝请来了珠宝专家、炼金师等，去判断三个小金人的价值。

可是无论怎么测算，三个金人的质量、做工都是一样的。后来，一个大臣终于办到了。

你猜他是怎么办到的？

原来，大臣拿了三根稻草，一根稻草插入一个金人的耳朵中，从另一个耳朵中出来了。第二根稻草插入第二个金人的嘴巴中，稻草根本固定不住，直接出来了。最后，第三根稻草插入第三个金人的嘴巴中，而这根稻草直接进入了金人的肚子里，再也不出来了。大臣对皇帝说，第三个金人最有价值。

所以说，会说话的人不是最有能力的；会听的人比会说的人好一些。而懂得默默耕耘，将想法藏入肚子里的人才是最宝贵的。

每天叫醒自己的不是闹钟，而是梦想

梦想无论怎么模糊，总会潜伏在我们心底，使我们的心境永远得不到宁静，直到梦想成为事实。

——北大人箴言

一个人如果没有梦想，那会怎样呢？我想，可能会像行尸走肉一般吧！我相信有了梦想的人生，要比没有梦想的人生幸福得多！在北大人看来，如果每天叫醒自己的不是闹钟而是梦想，这样的人生会更有意义。

如果将北京大学所有学生进行分类，大致可以分为这样三类。有一类，称其为“学工”类型；另一类，称其为“学术”类型；还有一类，是做自己想做的事，学习成绩并不差，但也不是太好的那种中等生。在这三类人当中，最后一类人对梦想的追求最为执着。

在北大燕园的一个A Group of Idiots（简称MPCA）剧组里，就有这样一群年轻人，为了实现影视创作的梦想，他们每天都在不停努力着。

MPCA也就是北大影视创作协会，成员是来自北京大学一年级的二十个新生。与其他的北大社团一样，他们有着明确的分工，同时又能够相互协作。二十个成员有着不同的专业背景，分别来自不同的班级，凭借那股初出茅庐的劲头，以及对梦想的不懈追求，他们用自己的力量拍成了一部电影——《下一站》。

在拍摄开始后，二十个成员每天除了完成学业，剩下的时间全都用在了《下一站》的准备工作上。因为缺少影视方面的知识储备，他们就自己找书来看，然后去艺术院校旁听专业的课程，从而给自己储备知识。

拍影视剧前期需要大量资金。为了筹够钱，他们除了节省开支外，还花费大量时间兼职挣钱，找赞助商。这其中需要克服的困难太多了，但他们从没有感到疲惫，每天都全情投入工作中。

当课业压力重，忙得焦头烂额的时候，MPCA的成员们也没有想过放弃。为了兼顾学习和拍摄，他们每天只有几小时的睡觉时间。即便如此，他们也从未因疲惫而旷课或停止拍摄，因为每天叫醒他们的并不是闹钟，而是他们心底深处的那个梦想。

谁都有梦想，只是每个人的梦想不同罢了。然而大多数人不曾有机会实现梦想，只因为他们没能坚持到底。不为梦想而努力，就永远不可能看到梦想实现的一天。

所以，既然想要去追寻自己的梦想，就要付出比别人更多的努力，当别人在睡梦中的时候，你就要爬起来奋斗。如果有一天，叫醒你的不再是讨厌的闹钟，而是你的梦想，那么你离成功就不远了。

北大成功秘诀——把梦想还给自己

你是否已经忘记了曾经的梦想？你是否认为梦想永远不可能实现？当你开始嘲笑梦想时，也就意味着你的人生步入了一个晦涩的天地。

是时候把梦想还给自己了，你要做的其实很简单：

1.重拾梦想，让你的兴趣帮你成功

梦想与兴趣是紧密相关的，无论工作和学业多么劳累，也绝不要放弃自己的兴趣爱好。不要总是以加班、学习为借口，逃避自己的兴趣和爱好。是时候重拾兴趣，找回曾经那个快乐的自我了。只有快乐了，心态才会好，心态好了，人才会变得更加积极，而成功也就离你不远了。

2.顶住压力，不管别人的嘲笑

这个社会很奇怪，有梦想的人总是被无情嘲笑，如果有一天你成功了，他们只会张大嘴巴感叹。对于这些人，是不用去过多理会的，将他们的嘲笑作为耳旁风就好。

【北大考考你】

以前有一个孩子，家里很富裕。他特别喜欢吃饺子，可是只吃馅不吃皮。久而久之他习惯了，就每天坐在家门口吃饺子，把饺子皮扔到路上。

不过，好景不长，几年后，他家道中落，父母双亡，生活变得特别清贫。这时候，他的邻居给他提供了食物，是很好的面糊糊。

邻居本身并不富裕，居然还把这么好的面糊糊给他吃，孩子很感激，决定发奋用功求学，最终金榜题名，成为了状元。

成为状元后，他回乡去报答帮助过他的邻居，可是他的邻居却说：我没有帮助过你，你吃的都是你自己的东西。

邻居为什么这样说呢？原来，邻居是将状元平时不吃的饺子皮捡起来，晒干了，磨成粉，用来改善自己家人的生活。在状元家道中落的时候，邻居就是用这些曾经被他遗弃的饺子皮来帮助他的。

生活就是这样，我们总是不经意地遗弃一些东西，殊不知，这些东西其实是很宝贵的。状元能在落难的时候得到邻居的帮助，而我们在生活中遇到难事却未必会遇到这么一位“邻居”。与其在那时候才来感慨人生不易，何不在拥有时好好珍惜呢？

被人信赖是一笔用金钱买不到的财富

一笔一画关乎成绩，一字一句决定人生。

——北大人箴言

当你走入社会以后，才发现人与人之间的信任是多么不容易，所以请珍惜别人对你的那一份信任。或许多年后，无论你有多少钱，也买不到这份信任了。

2008年5月31日，北京大学的百周年大讲堂展开了一场别开生面的毕业典礼。在百周年大讲堂里，曾举办过各种各样的活动。但是，这一场毕业典礼却显得与众不同。

将要举行的典礼是北京大学中国经济研究中心、北大国际MBA 2008届毕业典礼。作为北京大学中国经济研究中心主任和教授的林毅夫，将要告别他热爱的讲台，这一场典礼是特别的——他想和自己的学生们一起毕业！

会场内响起了熟悉的旋律，穿着学位服的林毅夫缓缓步入礼堂。当时，林毅夫因为工作变动，已经辞去了北大的工作。他原本需要在五月初去美国华盛顿的世界银行总部报到，但是，他坚持将这学期的授课任务完成，再去世行报到。

通常情况下，北大的毕业典礼是在每年的6、7月份举行。但学生们为了能够和林毅夫老师一起毕业，而特意调整了时间表。这是老师与学生之间的一份情感，更是一份相互间的信赖。

人与人之间有着多种多样且复杂的关系，而信赖是维系一切关系的前提。如果能够被人信赖，将是一种幸福。别人信赖我们，是对我们的肯定。同时，也能够使我们感受到，自己付出的情感别人是有所呼应的。这样，人与人之间的沟通、交流也就能够更顺利。

北大成功秘诀——获取信任的方法

被人信任是一种至高无上的荣誉，而很多年轻人由于涉世不深，无视了这一点，结果在与人交往中无法赢得他人的信任，也无法信任他人，导致发展不顺利，四处碰壁。

信任他人是合作的前提，被人信任则是对自己的肯定，是一种荣誉，也是一种宝贵的财富。

那么我们应该如何赢得他人信任呢？答案只有八个字：责任、诚实、廉正、忠诚。

1.责任

信任的字面解释是相信与责任，言必行、行必果，讲究信誉，履行承诺。这是每一位北大人做人的基本准则，正因为这样，才使他们赢得了别人乃至全社会的信任。

2.诚实

任何虚假、虚伪、欺骗早晚会被揭穿，只要有一次都会影响到个人声誉。所以我们要以诚待人，这样才能得到别人的真诚对待。

3.廉正

一个人如果拥有清廉、正直、原则的品格，他就能很容易得到别人的信任。所以，努力让自己成为这样一个人，是赢得众人信赖与尊敬的关键。

4.忠诚

忠诚为信任之本，任何背叛都可能会让人毫不犹豫地将你拉进黑名单。

【北大考考你】

一次文学课上，北大教授在给学生们讲述汉字的由来时，开了一个玩笑。他问学生：三个“金”念“鑫”，三个“水”叫“淼”，三个“人”叫“众”，那么三个“鬼”应该叫什么？

学生们苦思冥想，有这样的文字吗？中国的汉字实在太博大精深了。

教授见学生们想不出，笑了笑说：应该叫——救命。

学生们觉得自己被教授忽悠了，但其实，教授是希望学生们明白一个道理，变通是必须的，要懂得跳出别人给你设定的框架，才能有所突破。如果一味跟着别人的规矩走路，怎么走也走不出自己的精彩道路来。

路可以有不同的方向，成功可以有不同的方法

人生有很多路要选择，选中一条，走下去，便会碰见这条路上的人和风景。而选择另一条，则可能是完全不同的风景与人。有的人可能与你一起走，有的人会留在原地。一起走的人，也可能在下个路口与你分开。没什么可哀叹的，这是人生的必然，珍惜身边与你一起看风景的人，并在下一个分开的路口，洒脱地用力挥挥手。

——北大人箴言

一生中，我们会经过很多路口，也会面临很多选择，我们会为错误的选择而懊悔，也会因为正确的选择而庆幸。但有一点我们应该清楚，无论选择哪一条路、哪个方向，只要坚持走下去，一定会到达目的地。

曾经的北大才子陆步轩，作为当年的长安区文科状元进入了北京大学中文系。1989年，陆步轩完成了学业之后，根据那时北京大学的工作安排，被分配到了长安区柴油机械配件厂。

但是，天有不测风云，几年后企业因为经营不善停产了。最后，通过领最低生活保障的方式，陆步轩结束了步入社会后的第一份工作。

下岗后的陆步轩并未一蹶不振，他在经过深思熟虑后决定创业。他做过装修公司，也开过商店，后来又将这家商店转成了肉店。

在小商店转成肉店时，已经是2000年了。新的世纪为陆步轩带来了新的希望，他的这家名叫“眼镜肉店”的店铺，由于质优价廉，在当地获得很好的口碑，再加之他北大毕业的身份被传开，在当地获得不小的关注度，后来，北大才子卖肉一事被媒体进行了报道。至此，“眼镜肉店”在媒体的宣传之下，打开了知名度，生意越来越红火。

但是，陆步轩的事业高度远不止于此。他并没有因为自己成为名人而膨胀自大，而是默默地认真经营自己的肉店。不久后，他的店铺已经有了几十名员工，并成为当地最有名气的肉类连锁店铺。

随着年龄的增长，陆步轩决定放弃从商的路子，选择了回归平静的生活。如今的陆步轩早已结束自己的肉类连锁店，成为一名国家干部。前段时间，他还出版了自己的作品《屠夫看世界》一书。

其实，无论是开店铺时的成绩，还是在文化工作中的写作成果，都是陆步轩通过不同的道路获得了一样的成功。

有句老话说得好："条条道路通罗马。"成功也是一样的道理，只要我们坚持，不管一路上是坦荡顺畅，还是荆棘满布，只要坚持走下去，我们都能到达成功的彼岸。

北大成功秘诀——方法不对，努力白费

在北大圈子中流行这样一句话——方法不对，努力白费。的确如此，正确的方法能够起到事半功倍的效果，而错误的方法则正相反。

有这样一个小故事。你正往前走，前面却有一堵墙。假如你迎着这堵墙一直走下去，只能被碰得头破血流。

于是你停下来，想到几种方案——

你可以找来一个锤头，将这堵墙砸开；你还可以叫来一辆推土机，将这堵墙推倒。可是当墙被砸开或被推倒时，你才突然想起：原来，你的目的并不在这堵墙，而是为了赶路。其实如果只为了赶路，那么完全可以绕开这堵墙。

有些困难，是可以绕开的。就像墙，你绕开它，很快它就会被你甩在身后。你会发现，你给墙让路，它马上还你一条路。

很多时候，我们都会被眼前的困难蒙住双眼，一时之间会不知所措，顿时觉得无力解决，身心疲惫，那么为什么不试着绕开它？能够寻找正确解决问题的方法在我们的生活和工作中是非常重要的，我们不仅要学会发现问题，更要学会的是如何正确地解决问题。用正确的方法解决问题，会使我们所做

的工作达到事半功倍的效果。

正如《孙子兵法?计篇》中说："多算胜，少算不胜，何况无算乎？"意思是说：考虑周全，方法得当，这样就能成功、胜利；考虑得少，筹划不足，就不会胜利，更不要说不考虑而莽撞行事了。都说水为什么能够达到目的地，直奔大海？就是因为，它能巧妙地避开所有的障碍。

凡事，找对方法很重要，方法对了，才能高效率做事，才能做成事，进而成就我们自己。

【北大考考你】

一次，北大教授问了学生们一个问题：一只蜗牛，从河北省爬到广东省，只用了三分钟，你们觉得这是为什么？

学生们假设了各种可能性，无论是借助任何交通工具都是不可能的。

就在学生苦思的时候，教授笑了笑说：因为它是在地图上爬的呀！

教授这不是开玩笑，他是希望学生们明白，要达到某种目标可以有很多方法。首先你必须敢于做各种假设，过于循规蹈矩不一定是好事。

第四章
你没有理由不坚强

北大，让我更坚强

悲观者说，希望是地平线，就算看得见，也永远走不到；乐观者说，希望是启明星，即使摘不到，也能告诉人们曙光就在前头。悲观者说，风是海的帮凶，能把你埋在大海深处；乐观者说，风是帆的伙伴，能把你送到胜利的彼岸。

——北大人箴言

如果说哪些高校最能够锻炼人，北大无疑是其中之一。在这里，你会遇到全中国甚至全世界最优秀的一批人，之前的优越感可能会消失一空，想不努力都难。在这里，你甚至找不到可以软弱的时机，因为如果你不能时刻保持坚强，你马上就会被巨大的压力吞噬。

既然选择了北京大学，也就意味着你需要比普通人承受更多，付出更多。你再没有随意挥霍时间的资本，每一个夜晚都是你赶超他人最好的机会。的确，在通往北大的路途中，你已经遇到过很多艰辛和考验，可你千万不要以为，进入北大就能万事大吉，你就可以开心庆祝了。从北大那些风云人物身上，你会发现，进入北大，意味着真正的考验才刚刚开始。

在北京大学，有着许许多多的风云人物。他们在做出成绩的同时，也有着自身的无奈，即使是久经沙场的“天之骄子”，也难免会有陷入泥沼、悲观绝望的时刻，这个时候该怎样面对呢？就让北大曾经的校长马寅初先生来告诉你吧！

虽然马寅初先生早已离开人世，但是他的高尚品格，以及在歪理面前不屈服、勇敢捍卫真理的大无畏精神，却让我们敬佩不已，也是永远值得我们学习的。

1957年，马寅初发表了《新人口论》，他认为放任人口增长会影响国家经济的发展，原因有两个：一是由于人口过多，劳动力廉价，人们不愿意改进技术实现机械化，进而无法提高生产率；二是人口过大，会导致大量的国民收入用于消费，会减少用于扩大生产和再生产的资金比重。因此马寅初提倡"节育"，他的这一观点引发了轩然大波。

当时，在北大的餐厅周围以及一些显眼的地方，到处贴满了关于这场运动的大字报。对他的批判会也一场接着一场，规模更是一场高过一场。

可面对这样的处境和压力，同每一个北大人一样，马寅初先生没有选择逃避，更没有退缩。他没有因此悲观失望、自暴自弃。据熟悉他的人回忆，当时的马寅初非常乐观、从容。他说道："我虽年近八十，明知寡不敌众，自当单身匹马，出来应战，直至战死为止，决不向以力压服，不以理说服的那种批判者们投降。"从马寅初先生的话语中，我们大体可以了解到他所具有的人格独立、思想自由、崇尚真理、求真务实的精神。

马寅初先生的坚持没有白费，1979年，对《新人口论》的批判得到平反，并且，这一理论还成了我国的基本国策，这一刻，马寅初先生可以欣慰了！

一个人如果想要远离悲观情绪的侵扰，就一定要有一颗坚强的心。因为如果你不够坚强，就难以像马寅初先生一样，去度过那漫长的、不被认可的，或者遭遇一些不公平待遇的阶段。

在北大，每个人都明白坚强的道理，我们都有悲观绝望的时候，然而北大精神却无时无刻不在提醒我们，一味悲观消极无法解决任何问题。在北大，你没有消极的理由，因为这里会让人变得坚强，想不成功都难。

北大成功秘诀——让乐观成为天性

有些人是天生的乐天派，有些人则生来悲观。你怎样看待这个世界，世界就会还给你怎样的人生。如果你希望自己的人生充满成功，那你就要变得更坚强，就要学会乐观地待人处事。

在北大，大部分学生都很乐观，这并不是因为他们天性乐观，而是因为北大这所神奇而富有魔力的大学让他们变成这样。长期处于这样的环境中，每天与积极乐观的人在一起，久而久之，乐观便成了一种本能。

下面，让我们看看北大人是怎么做的吧：

1.生活发生变故时，选择勇敢地面对

生活中，喜怒哀乐，变幻无常。也许这一秒你还处在喜悦之中，但下一秒悲伤就会降临。面对这样的变故，悲观者可能会一蹶不振，但乐观者绝不会措手不及，他们勇于面对变故，对未来永远保持乐观。

2.当负面情绪来袭时，学会调整

没有一帆风顺的人生，人难免经历挫折与失败，也少不了烦恼和苦闷。这时候应及时调整情绪，迅速把注意力转移到别的方面去。

3.经常憧憬未来的人对人生抱有希望

乐观的人总是相信未来会更好，这是他们的天性，只有这样，才能始终保持奋发进取的动力。无论现实如何残酷，乐观者都愿相信乌云迟早会消散，任何困难都有解决的办法。

4.选择性记忆：只有快乐，没有悲伤

漫漫人生路，有快乐的回忆，也会有悲伤的往事。即便天性再乐观的人，也会有烦恼的时候。对于乐观者来说，他们更愿意回忆那些幸福、美好、快乐的往事，而将悲伤、恐惧、忧虑、彷徨的曾经通通忘掉。他们会选择性地失忆，忆乐忘忧，只想开心的事。

5.拓宽兴趣爱好，有事可做的人没时间悲伤

开心在于有事可做，尤其是做自己喜欢的事。因此，拓展兴趣爱好非常重要。拥有了广泛的兴趣爱好，生活就会丰富多彩，就会更加充实，生活中也就会多一些阳光，少一些乌云。

6.计较得少了，快乐就多了

不快乐的原因无非是欲望得不到满足。因此，乐观的人不会斤斤计较，懂得看轻名利，这样就会少很多不必要的烦恼。

7.宽以待人，朋友多了路好走

人与人之间总免不了有这样或那样的矛盾，再好的朋友、家人也会有争吵或纠葛。因此，只要不是原则性问题，乐观的人更习惯于宽以待人，与人为善。毕竟，多一个朋友，就多一条路。

8.有烦恼不憋着，学会倾诉

当心情不好时要及时倾诉，否则会影响身心健康。倾诉的对象可以是亲人也可以是朋友，学会找人倾诉心中的委屈和不快，就是掌握了让心境由阴转晴的遥控器。

9.当义工、志愿者

北大人在情绪低落时，有时会去找一份志愿者的工作，或是拜访孤儿院、养老院、医院等，做一些自己力所能及的事。帮助别人，也能很好地释放自己的消极情绪。

10.多听轻松愉快的音乐

当你心情不好时，轻松的音乐可以帮你缓解烦闷。沉浸在优美的音乐中，一切烦恼都会烟消云散。

【北大考考你】

一次，北大教授在课堂上问了学生一个很普通的问题："你觉得要怎么样提高自己的生活质量?"

学生们七嘴八舌，纷纷给出自己的答案，有的是从宏观高屋建瓴，有的则是着眼小处从生活细节方面提升。

在学生们回答一通后，教授说："如果你想要得到某一种生活，就要投入很多，得准备几个有意义的切入点，并且付诸努力。想要的东西可以很多，比如阅读和旅行，你要彻底玩出乐趣来；比如运动，你要学会持之以恒；比如音乐，要做到精通也是需要付诸实践，长期不懈地培养自己的音乐感。"

教授想让学生们明白，无论你想要的是什么，如果你有自己想要的生活，就必须让自己坚强起来，努力奋斗。只有这样才能真正提升自己的生活质量，活出自己想活的样子，否则一切都是空谈。

变换专注角度，结局完全不同

虽然我们不能决定自己生命的长度，但可以拓宽它的宽度；虽然我们不能改变容貌，但可以展现笑容；虽然我们不能控制他人，但可以掌握自己；虽然我们不能预知明天，但可以把握今天；虽然你不能样样顺利，但你可以事事尽力。

——北大人箴言

如果你数学成绩很好，每次考试几乎都能得满分，而英语却怎么学都不开窍，每次考试都只能得到可怜的几十分，那么面临即将来临的高考，与其拼命钻研难以得到更多分数的数学，还不如变换专注角度，转而攻克弱势科目，这样效果可能会更好，结局也会因此不同。

变换专注角度，考验的是一个人的变通能力、灵活度，一条路走到黑的人如果成功了那叫执着，但更多人只会撞到南墙。所以，聪明一点，学会变通，结局往往会更好。

作为全世界最大的中文搜索引擎，百度取得了非常亮眼的成绩，百度的领航人李彦宏也因此被国人所熟知。但是，许多人只看到了李彦宏成功的一面，却看不到他创立百度之前以及在百度创业之初的艰辛。

从北大到硅谷工程师，李彦宏是这样开始自己的职业生涯的。李彦宏在北京大学读的是信息管理专业，毕业之后来到了美国，继续攻读计算机专业。北大的学习经历让李彦宏积累了必要的知识，而在美国的学习进修，也让他对计算机工作有了更深入的了解。

一份稳定的IT工程师职位是很多人梦寐以求的，能得到这样的工作，意味着很高的薪水，很多人自然会感到满意。可是，这并不是李彦宏的目标。

由于受到西方文化的影响，又亲身体验过硅谷的腾飞，李彦宏有了亲自投身硅谷商战的念头。

有了必要的积累之后，李彦宏想要做出更大的成绩。1999年底，李彦宏和徐勇先生共同创建了百度，他们仅用六个月就将中文搜索引擎的开发工作完成了。如果说当初刚学习搜索的李彦宏其专注点是在技术上的话，那么这之后他就变换了专注角度，更关注商业运营。自此，百度也开始有了飞速的发展。李彦宏因百度所获得的经济利润，以及他自身身价的提升，是其之前的IT工程师所无法比拟的。

从创立到在纳斯达克上市，百度的每一次飞跃，都是李彦宏变换专注角度而产生的结果。而为了不让公司已有的业绩下滑，取得更大的发展，百度和李彦宏面临了不得不转型的局面，李彦宏开始谋划开发独立搜索引擎。

当李彦宏提出转型做独立搜索引擎网站、开展竞价排名等计划的时候，他遭到了董事会其他股东的反对。这时，是放弃还是继续的选择就摆在了李彦宏的面前。如果坚持自己的想法，那他面临的压力可想而知。他将面临没有任何支持的困境，这样他的计划也就无法实施。李彦宏想尽了一切办法，但依然无法打动投资人。当时，李彦宏平生第一次发了火。他对投资人说："不让百度做独立搜索引擎网站，那就别干了！"最后，李彦宏终于获得了投资人的同意。他们是这样告诉李彦宏的："是你的态度而不是你的论据打动了我们。"这样，百度才有机会转型成为面向终端用户的搜索引擎公司。

2001年，百度推出了面向终端用户的搜索引擎网站。这在百度的发展史上是具有里程碑意义的，它意味着百度形成了真正的营利模式，百度从原来的一家幕后网络公司，正式变成了一家为用户提供服务的搜索引擎公司。

变换专注角度，结局就会大不相同。原本已经注定的结果也可能会发生意想不到的转变。

如果你对于过往的一切并不满意，那么，像北大人一样，勇敢地变换专注角度，大胆地跟过去说再见吧！只要在接下来的日子里你能加倍努力，又何必在乎未来会怎样呢？李彦宏先生在美国时，如果一直安于现状，又怎么能够带领百度获得今天的辉煌呢？

你只要明白，从现在开始一切还是来得及的，只要你有含着眼泪依然奔跑的动力，又怎么会到不了终点呢？

正如李彦宏所说的："回望过去，我时常觉得幸运。我在我一生中最美好的时光，从事着我最热爱的事业，能在自己不断成长的过程中，为世人创造一些价值。在这样的路上，我坚守着那些简单、朴素的信念，并依靠这些信念的力量逐步接近成功。"

北大成功秘诀——改变自我心像

何为自我心像？这并没有一个准确的解释。它是在自我认识或自我意识的基础之上形成的，可以说自我心像是自我认识或自我意识的一部分。简而言之，自我心像就是对"我是谁"的认识。它的作用就在于，你认为自己是怎样的人，就将成为怎样的人。它会促使你向这方面发展。

自我心像是根据过往成功或失败的经验，以及他人对自己的反映和评价，而不自觉形成的。虽然是不经意间形成的，但人们往往依据它去判断并指导自己的行动，很少怀疑它的可靠性。因此，如果你的自我心像较低，就会逐渐沦为一个平庸者，因为你的内心深处正是这样认为的；如果你的自我心像较高，那么在你的心中就会充满骄傲，相信自己是最棒的，会让你活力四射，积极向上。当然，后者更容易获得成功，北大人就是很好的证明。

即便你目前的自我心像较低，也不必为此担心，通过学习北大人的秘诀，你也能轻松改变自我心像，成为想象中的自己，人生的结局也会不同。下面就让我们一起分享北大人改变自我心像的七大方法吧！

1.目标调高一点点

真正能激励你奋发向上的是确立一个既宏伟又具体的目标。我们惊奇地发现，有些人之所以达不到自己孜孜以求的目标，是因为他们的主要目标太小，而且太模糊，使自己失去了主动力。如果你的主要目标不能激发你的能力，目标的实现就会遥遥无期。

像北大人一样调高自己的目标吧！如果说他们的目标是改变世界，那么你完全可以将目标调整为考上北大。给自己一个高一点的目标，有利于改变自我心像。

2.离开舒适的环境

在北大人看来，不断寻求挑战，体内就会发生奇妙的变化，从而获得新的动力和力量。因此，他们不会一直待在象牙塔里，他们渴望去外面的世界打拼，即便头破血流而死，也不愿安逸懈怠而亡。这就是北大精神，你也可以塑造全新的自我心像，让暴风雨来得更猛烈一些。

3.正视危机，激发潜能

北大人很清楚，忽视危机的后果是十分严重的；有些人则无视这种现象，往往会愚蠢地创造一种舒适的生活方式，使自己生活得风平浪静。然而，危机就是在这时到来的，留给他们的也只会是悔恨。

北大人绝不会坐以待毙，反而会利用危机激发潜能，勇敢地挑战自我，以期达到更高的目标。

4.迎接恐惧

北大人秘而不宣的体验是，战胜恐惧后迎来的某种安全感。哪怕克服的是小小的恐惧，也会增强自己的信心。他们相信，如果臣服于恐惧，尽可能避开恐惧，恐惧则会像疯狗一样对你穷追不舍。只有勇敢地迎接挑战，才可能最终战胜恐惧，之后便会迎来全新的人生。

5.敢于犯错

很多人不去尝试，是因为他们没有把握做好。而北大人在做事之前也没有把握，但他们依然敢于尝试，因为他们不怕犯错，敢于犯错。结果可想而知，北大人争取到了更多的机会。

当我们感到自己状态不佳或精力不足时，往往会把必须做的事放在一边，或静等灵感的降临。在这种情况下，就要勇于尝试，不要害怕犯错误或失败，否则机会就会这样悄悄溜走。

6.加强排练

人生就像一场彩排，做好充分准备，你的人生就会无比精彩，绝不会出现差错。先“排演”一场比你要面对的局面更复杂的演出，如果手上有棘手的活儿而自己又犹豫不决，不妨挑件更难的事先做。

这就是北大精神，勇于挑战自己。他们之所以比别人更成功，是因为他们懂得人生的真谛：对自己越苛刻，生活就对你越宽容；对自己越宽容，生活就对你越苛刻。

7.精工细笔

改变自我心像，创造自我，就如绘制一幅巨画，不要怕精工细笔。如果把自己当作一幅正在创作中的杰作，你就会乐于从细微处做改变。一件小事做得与众不同，也会令你兴奋不已。总之，无论你有多么小的变化，于你都很重要。

【北大考考你】

一次课堂上，北大教授问学生们一个问题：如果你家住在三楼，四楼和二楼的垃圾房分别在你家所在的相同位置，而偏偏三楼的垃圾房却在走廊最右侧的尽头，如果你要扔垃圾，你会选择上下四楼和二楼还是直接走到三楼走廊尽头去倒呢?

学生们有的问教授走廊长度，有的则问楼梯高度，准备计算出上下楼梯和越过走廊，哪一个比较省事点。不过，教授对走廊长度和楼层高低、楼梯数目一概没说。

结果，不出教授所料，有的学生选择直接在三楼走廊倒垃圾，不管走廊多长。有的则认为下楼扔垃圾好，有的觉得上楼扔垃圾好。

如果是你，你会怎么选?

其实，教授所问的，不是距离计算问题，而是一道心理思考题。

选择在三楼走廊扔垃圾的人，对现状满意，喜欢安稳，宁可安稳而不愿生活出现太大的波动，他们觉得生活就是水平推进最佳了。

选择上楼扔垃圾的人，似乎有违常理，可是在进取心上是最强的，他们渴望向上，渴望改变。

选择下楼扔垃圾的人，总是希望省气省力，觉得下楼比上楼舒服多了，可是却不知道，下楼之后终究还是得爬上来，所用的力气是一样的。这样的人总是喜欢安逸，害怕负担和进取，从生活的角度上讲，难免容易贪图逸乐。

会走直线，也会拐弯

有人说，人在前进的路上就是两件事——前进和拐弯。前进需要勇气，拐弯需要智慧。

——北大人箴言

谁都会走直线，因为直观，然而遇到弯路时，有些人就会不知所措，他们不知道拐弯，就那样傻傻地站在原地，被后面的人接二连三地赶超过去。在学习过程中，有些人对某种学习方法驾轻就熟，但一旦这种方法不灵的时候就手足无措，完全不知道该怎么办了。他们不知道改变解题方式，如果原先的方法解决不了，他们就会选择放弃。变通能力如此之差的人，又怎么配称北大人？

街上的道路有笔直的，也有弯曲的，我们可以沿着大道一直走下去，当遇到弯路时也要学会拐弯。人生也是如此，学会变通很重要，不然，又如何面对人生中的风风雨雨呢？北大教授季羡林先生在这方面的应对处理，就足以让我们为之称赞。当然，作为北大的一员，季羡林先生身上的精神也是我们要不断学习的。

出生于1911年的季羡林，从小就品学兼优。他精通英、德、法等外语，尤其是在吐火罗文方面，他更是仅有的几位精通此语言的学者之一。工作后，他先后在中国科学院哲学社会科学部、聊城大学、北京大学、中国社会科学院南亚研究所担任要职，还曾经担任北京大学的副校长。可季老的人生也并非一帆风顺，他同样历经风雨。在“文化大革命”期间，这位北大教授也难逃厄运。

在“文化大革命”时期，季羡林被指派坚守屋楼，负责接听电话等工作。

别说是他这样一位大学者，就算是普通人都很难接受这样的工作，甚至可能会觉得这是对自己的一种侮辱。但是，面对这样的安排，身为北大教授的季老却没有这样想。他认为，大丈夫能屈能伸，既能走直线，也要懂得拐弯。

这份工作一干便是三年，这期间季老并没有任时间荒废，他主动找事情做，让自己的生活更有意义。在看大门的这三年里，季老将印度史诗《罗摩衍那》翻译成了中文。要知道，这可是一部有着280万字的鸿篇巨著啊！季羡林先生只用了三年时间，便完成了这一项宏伟的翻译工作，为中国翻译史和中国文化交流做出了巨大贡献。

人生有时就像过马路，在路口等待红绿灯时，你是会选择绿灯时继续前行，还是会在红灯时等待抑或拐弯另找他路呢？季羡林先生用他自己的故事，告诉了我们答案。

当我们在事业或生活中遇到“红灯”，不能继续前行的时候，不妨去拐个弯，同样能够达到目的地。灵活一点，也是北大人的聪明之处，我们应该多多学习。

人生可以走直线，用李彦宏的话说就是“在阳光下拥有朴素的成功，让自己变得敢于、乐于、善于为世界创造价值”。如果我们能够做到，美好的生活还会远吗？

年轻人，别忘了人生还要经过很多岔路口，能走直线，也要学会拐弯。只有这样，才能确保我们的人生一直向着正确的方向前进。

北大成功秘诀——人生要善于变通

能走直线，也要学会拐弯，讲的就是变通能力，先让我们看一个故事：

很多年以前，一位英国考古学家在挖掘特洛伊古城时发现了一面古铜镜。铜镜背后雕刻了一段古怪难懂的铭文。他穷尽毕生精力，请教了不少古希腊文专家，都无法破译其中的奥妙。最终，这位考古学家带着遗憾离世，这面镜子也就静静地躺在了大英博物馆里。

20年后的一天，博物馆里来了一位英俊的年轻人，在博物馆馆长的陪同下，他径直走到古镜前，取出铜镜，放在一块红色天鹅绒上。古镜背后的铭文在红色的背景上反射着冷冷的金色光泽，十分好看。

这时，年轻人拿出一面镜子照着古铜镜上的铭文看了看后，转过头微笑着对博物馆馆长说："看，这面古镜背后的铭文其实并不难解，它只是将普通的古希腊文按照镜像后的文字图案雕刻上去的。"博物馆馆长也是一位古希腊文专家，他扶着鼻架上的老花镜，将脸凑过去，仔细辨析着镜子反照后的文字，慢慢地读道："致我最亲爱的人：当所有的人都认为你在向左时，我知道你一直在向右。"

这时年轻人长叹一口气说："真可惜！我祖父花了毕生的精力，也没能破解文字中的奥妙，却不知道它竟然这么简单!"

年轻人的祖父由于不善变通，没有尝试用不同的方法，没有采用更为灵活的方式，结果造成了一生的遗憾。

可见，善于变通是多么重要。我们都会走直线，但如果想让人生更进一步，就一定要学会拐弯，这也是每一位北大人都懂的道理。下面，让我们看看北大人是如何培养变通能力的：

1.学会变通要懂得审时度势

所谓审时度势，说白了就是见机行事。现实生活中，那些不具备审时度势能力的人，经常会在错误的时间做出错误的选择，结果可想而知。因此，想提高变通能力，就要善于观察，审时度势，一定要在适当的时机做出正确的选择。

2.有勇气应对变化

有人曾对数百位百万富翁做过一番调查，结果发现这些百万富翁并非都是名牌大学毕业的，其中不少人是智力平平者，然而他们创新的勇气却大大超过前者。一个人想学会变通，就要具备非凡的勇气，瞻前顾后之人更习惯接受固有的思维及行事方式，结果也不会发生太大变化。

3.要改变思维定势，敢于打破常规

世界著名科学家贝尔纳说："构成我们学习的最大障碍的是已知的东西，而不是未知的东西。"因为习惯，所以很难改变，这不利于提高变通能力。

爱默生说："宇宙万物中，没有一样东西像思想那样顽固。"如果想提高变通能力，就要改变固有思想，敢于打破常规。如果你不敢越雷池一步，就永远都走不出雷池。

人的思维方式常常出现两大定势：一是直线型，不会拐弯抹角，不会逆向思维和发散思维；二是复制型思维，常以过去的经验作为参照，不容易接受新鲜事物。而北大人深知思维定势的可怕之处，所以他们既能走直线，也会拐弯。

“山重水复疑无路，柳暗花明又一村。”当一条路走不通时，拐个弯，绕个道，同样可以到达目的地。只要我们善于改变自己的观念，敢于接受变化，就能走出困境，进入新的天地。

【北大考考你】

面试时，北大教授问了应考生一个问题：“在阅读、旅行、工作、思考和写作这五种方式中，你是通过何种方式来获取人生经验，并从中发现生命的目的的？”如果你是这个应考生，会怎么回答？

其实无论是阅读、旅行、工作、思考还是写作，都能帮助你积累人生经验。阅读可以帮助你拓展视野；旅行能让你体会到不同的生活方式；工作可以磨砺一个人的性格；写作可以帮助你沉淀思维；思考帮助你总结自身，总结生活。而作为北大应考生，最理想的回答应该包含两个方面，也就是纸上谈兵和前线实践相结合的回答方式。单纯的阅读或者闭门造车的思考，容易给人一种纸上谈兵、读死书的感觉。而单纯的旅游，实地考察，也难免让人觉得你不善于思考和自我总结。

强者，就是含着眼泪依然奔跑的人

真正的强者不见得是强势的人，他们往往是懂得如何让自己委曲求全的人，甚至会让人觉得他们温和得有些软弱。所以，所谓成熟，是指拥有完善的个性、良好的情绪管理能力，并且不会过度坚硬。因为，任性是事业最大的敌人。

——北大人箴言

最终能够跻身北大殿堂的学生，除了天赋超群之外，最重要的是有一颗努力拼搏的心。很显然，在学习中，他们是最强者。难不成你以为他们从不会受伤，从不曾遭受挫折？在通往北大的过程中，没有人能够全身而退，面对数以万计的竞争者，不拼个你死我活、遍体鳞伤，又怎么可能冲出重围？

你以为在每一个安静得吓人的夜晚，这些依然伏案苦读的学子真的乐在其中吗？你试过在凌晨四点依然加班的感受吗？你知道他们有多少个夜晚掩面哭泣，有多少个夜晚想过要放弃吗？他们之所以能继续坚持，只是因为被北大那无可比拟的魅力所吸引。

北大人是一群勇敢的人，北大人是同龄人中的最强者，是眼含热泪而继续狂奔的人。

生活中，我们都会遇见很多人，经历很多事。为了更好地前行，我们不得不去学着面对。在这样的过程中，有些人变得坚强，有些人却一蹶不振。

北大人之所以受到全社会的敬仰是有原因的，他们是一群拥有坚韧精神的家伙，从不轻易放弃。因为目标坚定，因为对成功的渴望，他们会执着地奔跑，哪怕途中会遇到荆棘，将全身割伤，他们也不会停下脚步，甚至不会放缓前进的速度。他们才是生活的强者，是一群含着眼泪依然努力奔跑的人。

如果说谁是中国最坚强的人，毛泽东当仁不让。他不是北大的学生，只是北京大学的图书馆管理员，可他却凭借坚强的意志带领中国人走出了泥潭，重见希望。

1918年，毛泽东从湖南来到了北京，在李大钊等人的帮助下在北京图书馆任职。同时，也奠定了他的共产主义思想基础。

生活很不容易，尤其是在革命战争年代，只有经受住了考验，活下来的人，才能最终成为生活的强者。毛泽东的许多事迹被人所熟知，并且广为流传。他所经历过的磨难，经受的打击，是常人难以想象的。

1930年10月，毛泽东的妻子和孩子被捕入狱。身在异乡的他只能干着急，经过多方努力，其子毛岸英最终获释，可是他的妻子杨开慧就没那么幸运了。敌人见无法获得想要的情报，在湖南将其杀害。妻子被害的时候，毛泽东因为工作需要根本没在湖南，且两人已经分隔两地好一段时间了。得知杨开慧牺牲的消息，毛泽东痛彻心扉，可悲痛并没有让他停止革命的脚步，反而让他变得更加坚强。

毛岸英是杨开慧与毛泽东的长子，他一直跟着母亲生活，长期见不到自己的父亲。他的母亲被捕的时候，小小年纪的他也被抓了起来。母亲牺牲以后，他在各方人士的努力下终于获释，但与自己父亲见面却是20年以后的事了。可刚过了几个月，他就加入了中国人民志愿军，奔赴抗美援朝前线，最终牺牲在了朝鲜战场。

除了妻子和儿子，毛泽东还有四位亲人为革命事业先后牺牲，他心中的痛楚可想而知。面对这一桩桩重大的打击，毛泽东没有一蹶不振，因为他是中国人民的领袖，即便遭遇晴天霹雳，他也绝不会倒下。在知道毛岸英逝世的消息后，他说了这样的一段话："打仗总是要死人的，中国人民志愿军已经献出了那么多指战员的生命，他们的牺牲是光荣的。岸英是一个普通战士，不要因为是我的儿子，就当成一件大事。"试问，换做是你，面对这样的打击，能够经受得住吗?

"如果你把每一天都当作生命的最后一天去生活，那么有一天你会发现你是正确的。"这是乔布斯曾经说过的一句话，也同样适合坚强的北大人。

含着眼泪，依然努力奔跑，像北大人一样向着梦想飞奔吧，你也可以变得很出色。

北大成功秘诀——成为生活的强者

每一个北大人都是生活的强者，然而在他们进入北大之前，也曾有软弱的时刻。可以说，是北大改变了他们，塑造了全新的自我。该如何成为生活的强者呢？下面就让我们听听他们的声音吧！

1.听多数人的意见，和少数人商量，自己做决定

在一件事情无法做出决定的时候，不妨听听周围人的意见，这不失为一个办法。如果拿不定主意，对事情没有把握，还可以找你觉得可靠的、信得过的人沟通想法。这样，你对于一些事情的看法，往往会变得更全面。但是，一定要记得一点，决定最终还是要靠自己来做的。

2.认准了，就去做；不跟风，不动摇

在这一点上，百度的李彦宏做得很好，贯彻得十分到位，而这也可以算得上是他的名言。无论是工作还是生活中，面对诱惑，始终不被影响是非常困难的。就像李彦宏说的："不该自己赚的钱，就算是俯首即是也不赚。"如果能够把握住这一点，那么一定可以成为生活的强者。

3.一个人最重要的能力是判断力

一个人如果失去了判断力，将是一件非常可怕的事情。试想，面对一道选择题，你连判断的能力都没有，又怎么能给出正确答案呢？同时，最关键还是要多积累经验，帮助自己提升判断力。

【北大考考你】

在北大毕业生座谈会上，老教授问了大家一个问题："你觉得你将如何获取工作上的满足感？"面对老教授的问题，大家纷纷抛出了不同的工作计划和人生方案。

面对学生们的种种设想和雄韬伟略，老教授都不置可否，最后他对大家说，其实，所谓的满足感，就是用最少的精力完成最有价值的工作，把剩下的时间留给自己，让自己有更大的能动性追求更多，而不是被工作和生活牵着鼻子走。就像张朝阳所说的那样：“最大的奋斗就是把奋斗变成不奋斗。”

当然，教授不是鼓吹大家不必奋斗，而是希望大家明白奋斗的真谛。奋斗不单是指时间和精力的投入，更多的是我们要明晰自己的方向，把精力放在有价值、有意义的事情上。

不管结果如何，敢于对自己的选择负责

今天是你们的毕业典礼，也是我的毕业典礼。我最近的日子也和你们一样，每天怀着复杂的心情在倒数。我每天都要问自己，我是用怎样的心情毕业的？走出北大又会面对怎样的世界？

——北大人箴言

无论在职场还是在生活中，人们越来越看重责任感，这也是做人的基本准则。对于学生来说也是如此，要对自己的选择负责。很多人都不能理解选择的重要意义，他们只看重结果，如果结果是好的，他们会很开心地接受。而结果一旦不尽如人意，就会无法承受，一逃了之。

无论是谁都要对自己的选择负责。一旦做出选择，就要面对由此产生的一切后果，承担一切责任。

1916年的一天，李大钊先生完成了在日本的留学生活，回到了北京大学。一开始他负责教授经济学课程，同时兼任北京大学图书馆主任。就是在这段时期，他受到马克思列宁主义的影响，积极投身到了国内的新文化运动中。同时，他将《新青年》和《每周评论》作为新文化运动的“战场”，通过发表相应文章来传播马克思主义，成为中国传播马克思主义思想的先驱。之后，他开始与陈独秀相约讨论筹建中国共产党的相关事宜，并最终决定分别在北京和上海活动，为中国共产党的成立做前期工作，成为中国共产党的主要创始人。

1920年，李大钊先生在北京大学组织了马克思学说研究会，北京的共产党早期组织和北京社会主义青年团，同时也在他的推动下建立起来，也因此吸引了许多有着共产主义思想的青年知识分子。

千万别以为李大钊先生做这些是因为一时兴起而已，那是他所做的一种选择。李大钊先生选择为共产主义奋斗终生，他知道其中的危险，并且无怨无悔，敢于为自己的选择负责。1927年的4月28日李大钊被绞杀于西交民巷。在行刑之前，李大钊所说的“不能因为反动派今天绞死了我，就绞死了伟大的共产主义，共产主义在中国必将得到光辉的胜利”，正是他对自己选择的最好诠释。

李大钊先生为自己的选择负责，为之付出了生命的代价，这一种大无畏的精神，在老一辈的北大人身上体现得淋漓尽致。

今天，我们不必再去面对生死抉择，可我们的勇气到哪里去了呢？我们的负责精神到哪里去了呢？我们要像北大人一样，学习他们勇于负责的精神，只有对自己负责的人，才是最坚强的人。北大人可以做到的，我们也可以！

北大成功秘诀——人无责任，难当大任

没有责任感的人，很难让人放心，所以难当大任，这也是为什么人们对有担当的人推崇备至的原因。从北京大学走出来的学生不仅能在工作中独当一面，而且具备极强的责任心，也是领导最信任的一群人。这一切就是因为他们的责任心强，敢担当。

如果你也想培养责任心，下面的几点建议可以用来参考：

1.培养浓厚的兴趣

在北大人看来，责任与兴趣是相伴而生的。对学习负责，对工作负责的前提都是对此感兴趣，所以说要提高责任心，培养兴趣是第一步。如果你对所学专业不感兴趣，一定要马上改变方向；如果你对目前的工作不感兴趣，请你马上换一份工作，这才是负责任的表现，你没有必要浪费更多的时间。

2.遵守承诺，言出必行

一言既出，驷马难追。北大人对于自己做出的承诺，一定会铭记在心，竭尽全力去兑现承诺。如果是办不到的事情，他们绝不会信口答应。培养言出必行的习惯，在潜意识中，责任意识也会增长。

北大人不食言，他们说话算话，这种习惯并非与生俱来，而是培养形成的。为什么有那么多北大毕业的学生在工作中成了领导，其中一个关键因素就是他们从不食言，说话算话，这是责任心的体现，也是领导者最基本的素养。

3.敢于承担责任

无论在生活还是工作中，遇到问题不要躲避，要敢于担当。只有敢于承担责任者，才能担任重要的工作。在学习生活中也是如此，那些被选为班干部的人，并不只是因为学习好，而是有着认真负责的态度。在出了问题之后，他们不会推卸责任，而是勇敢地承担责任，这才是他们值得尊敬的地方。

4.不找任何借口

犯了错误不找借口，这是每一位北大人的共识。因为在他们看来，问题既然已经发生，找借口并不能解决问题，这时需要勇于承认，积极弥补。当你没有任何借口时，才算是一名优秀的人才。

5.细节体现责任心

别以为北大人生来就是做大事的，他们反而更关注小事，因为他们很清楚，做好每一件事，即使是看似微不足道的工作，也能体现出一个人的责任心。当把小事做好，也就是承担更大责任的时候。

【北大考考你】

有一次，北大教授见到一位女学生坐在校园内发呆。这位女学生正在为了自己的失败而伤心，她觉得自己考得不好，事情做不好，未来很渺茫，不清楚自己的方向应该在哪里。

教授见状，便上前问了女学生一个问题：你试过聆听自己内心的声音吗？听到内心在说话的时候，你有没有跟随它的指引？

这个问题对于我们每个人都适用，因为我们的内心总是住着睿智的灵魂。过去，我们常常听到内心的声音，会随心所欲，随性而动。不过，随着社会经历的渐渐积累，我们的理智告诉我们，什么才是有利于扬名立万的，什么才是有利于收入丰厚的。于是，我们开始遏制自己内心的声音，试着做很多我们未必喜欢，但是对我们“好”的事情。

不过，这些事真的是对我们好的吗？在我们疑问的时候，内心不再说话了。其实，内心的灵魂才是我们最真实的喜好，有时候，过于理性不是好事，要懂得对自己负责，首先要懂得聆听自己的内心，从心出发。

第五章
一人独行走得快，与人同行走得远

愿我的世界总有你二分之一

一个能从别人的角度看事情，了解别人心理活动的人，永远不必为自己的前途担心。

——北大人箴言

一个家庭有一个孩子考上北京大学就已经是非常难得的了，可有一个家庭却同时有两个孩子考上了北大。他们就是苑子豪和苑子文，一对双胞胎兄弟。他俩从小一起成长，一起上学，一起玩耍，几乎是形影不离，直到考入北大，才让他们第一次分开，他们不在同一个教室上课。除此之外，两兄弟几乎所有时间都在一起，因此也成为了校园里一道独特的风景线。

在上北大之前的近二十年的岁月里，苑子豪和苑子文是玩伴，也是学伴，更是给予彼此鼓励与帮助的好兄弟。

生活上互相打气，学习上相互帮助，这是苑子豪和苑子文作为家人给予彼此的最好帮助。高一时，作为哥哥的苑子文，就已经有了强烈的愿望，他发誓一定要考入北大。也是从此刻，他开始了北大的追梦之路。作为弟弟的苑子豪，当然也不能认输，从此，上北大成为了兄弟两人的信念。

他们开始相互较劲，看谁的学习成绩更好。高二时，弟弟一度连续八次在考试中排名第一，而高三时，哥哥又领先了，成绩反超了弟弟。在冲刺的过程中，还发生了很多有意思的小插曲。为了更胜一筹，两人经常在对方睡着之后爬起来读书，为的就是争分夺秒。有一次，两兄弟都在假装睡觉，自以为对方睡着了，于是爬起来看书，没想到撞了个正着。

兄弟俩一路相互扶持，相互鼓励，就是在这种良好的竞争氛围下，兄弟俩携手进入北大，也因此成为北大的一道风景线。

许多时候，我们都想要有个人陪，但是未必都有苑子豪和苑子文这样的运气。即使是双胞胎，也不一定能考入同一所大学，更不要说是北京大学了。

从两兄弟的故事中，我们能够看出合作与良性竞争的重要性，也意识到团队的重要。这已经不是单枪匹马就能成功的年代，为了成就一番事业，我们需要得力的帮手。即便在学习的过程中，找不到合适的伙伴，也要给自己树立一个标杆，一个足以鞭策自己的好学生，这样有助于提高个人成绩。

北大成功秘诀——如何结识优秀者

与谁同行在很大程度上决定着个人前途。举个简单的例子，与步速快的人一起，你的速度也会提高；与步速慢的人在一起，你也会在不知不觉中降低速度。

北大人怎么会减缓前进的脚步呢？他们有无数的目标需要实现，他们渴望改变世界，怎么能慢下来呢？

为了更快地达成目标，他们懂得与优秀者为伍，这样会在不同程度上达到提升自我的目的。北大人习惯跟北大人走在一起。由于他们的目标一致，志趣相投，能力相符，可以彼此互相学习，增进见识，可以互相帮助以实现目标，因此他们会自然而然就走到一起。

与优秀者同行，绝对不会吃亏，想知道北大人是如何结交比自己更优秀的人才的吗？下面就是他们的秘诀：

1.相互尊重，赢得好感

与优秀者交往的前提是彼此尊重，准确把握双方关系，合理定位。没有尊重，就没有继续交往的可能，尤其是与比自己优秀的人交往，因为优秀的人尤其重视礼节。只有你赢得了对方的好感，交往才有可能继续。

2.兴趣相投

如果你正好与渴望结交者拥有同样的兴趣爱好，那么交往就变得轻松很多，你们也会自然而然发展为朋友关系。如果不是，那你也可以投其所好，看看对方对什么感兴趣，然后尽可能去了解该领域，找谈资。不过要注意的是，在此过程中，切忌趋炎附势、阿谀奉承、虚情假意，因为优秀的人最反感的就是带有目的性的交往。如果你的动机不纯，那么结识优秀者的概率就会降低很多。

3.态度自然，不必拘谨

优秀者无论地位、阅历、学识，都往往高人一筹。面对他们常会令人肃然起敬，有时甚至还会因为威压感而噤若寒蝉。其实，大可不必这样。他们也是平常人，大家的关系都是平等的。态度自然，不拘谨，不做作，这样的交往才会顺利。

4.主动真诚，做出姿态

想要结识优秀者，就要学会主动热情，不要想着让别人主动与你交往。这时，你需要表现出你渴望结交他们的意愿。真诚是最能打动人心的，你要做的很简单，就是以诚恳的态度，热情地与他们交谈就行了。

5.求助求教，接受呵护

优秀者在很多方面都比你强，简单的交往之后，如果想继续发展，就要有实质性内容，这时候求助求教是一个好办法。优秀者大多是好老师，喜欢分享，教授他人知识。只要你够虚心，愿意接受呵护，那么进一步的交往则不是问题。

学会这五招，还不够，接下来你还有必要了解一下哪些才是自己应该结识的人。下面是社会经验丰富的北大人为你总结的：

第一类：能搞到各种票的朋友。这里说的不是“黄牛党”，而是一些拥有特殊关系的人，他们能够在某些特定的时间段，为你搞到非常抢手的票。这些都是很重要的人脉资源，是有必要去储备的重要人脉。

第二类：在旅行社工作的朋友。随着收入的增长，旅行成了人们在休假时的首选，拥有一位在旅行社工作的朋友会给你提供很多便利。你能够及时了解该旅行社的出游信息、各种折扣线路，以及怎么才能玩得更好。

第三类：从事人力资源的朋友。认识这类人就等于给未来上了一份保险，即使你现在有份很好的工作，也不代表将来会更好。如今，跳槽已成为家常便饭，维护好这份关系，你的前途则会一片光明。

第四类：从事理财投资的朋友。理财投资已经走入了平常百姓的生活，拥有一个好的理财顾问，你就将体会钱生钱带来的快乐。假如你认识一个基金经理，便可以将你的钱放心地交给他管理，只需要坐等收益即可。

第五类：知名人士。认识名人不仅能让你在朋友面前有面子，还能利用他们的人脉为己所用。毕竟，每一个名人都拥有丰富的人脉资源，你可以跟他们的朋友成为朋友，拓展自己的人脉。

第六类：律师。现如今，打官司已经不是什么新鲜事了。人的一生难免会陷入各种纠纷，有一个不错的律师朋友，会最大限度地减少你的麻烦。

第七类：技术维修人员。认识这类技术工种的朋友很重要，比如你的电脑坏了、你家下水道堵了、热水器出故障了……总之，在你最需要的时候，他们都可以为你提供帮助。

【北大考考你】

北大教授在一次心理课堂上问学生们："你如何获得生活乐趣?"

学生们纷纷从自己的实际想法出发，给出了不同的答案。

教授是希望学生们明白，生活是有无限乐趣的，除了学习、考试、工作、赚钱，只要你的内心足够敏锐，就能从生活小细节中捕捉到不同的乐趣，这些乐趣或昙花一现，或回味悠长。

总而言之，无论你是喜欢阅读、写作、旅行还是工作，只要你持之以恒，真正地用心去感受一切乐趣赐予你的感知，这些就都可以成为你的生活乐趣。

每个人都有自己喜欢做的事情，无论事情是大是小，只要你足够喜欢就可以。哪怕是在微弱的灯光下看一部荡气回肠的小说，也可以成为生活的无限乐趣。做人要想幸福，首先要懂得如何让自己开心！

与优秀者为伍，与快乐者同行

人生的十二种财富：积极的精神态度、良好的体格、人际关系的和谐、脱离恐惧、未来成功的希望、信念的容量、与人分享自己幸福的愿望、热爱自己的工作、对所有的事物有开放的内心、严于自律、理解人的能力、经济保障。

——北大人箴言

生活中，同优秀的人在一起，可以让自己变得更优秀。同样，同快乐的人在一起，也可以让自己的心情变得更愉快。

无论是优秀的人还是快乐的人，他们都能传递正能量，这正是年轻人最需要的，因为在人生的路途中势必会经历很多艰险，如果单枪匹马冲杀，很难达到终点。所以，聪明的人往往会为自己选择一些同伴，而这些同伴都是能够传递正能量的人、能够在各方面提升自己的人。

在北京大学有一位来自马来西亚的留学生，叫作朱肇学，如果有机会见到他，你一定会被他热情洋溢的笑容所吸引。朱肇学给大家留下的最深的印象就是朴实、亲切和随和。

在北大，同学们都愿意与朱肇学交往，不仅是因为其乐观的天性，也是因为他的优秀。在信息管理学院就读的朱肇学，天资聪颖，非常好学。他乐于向学院里的老师和同学请教，大家也都很乐意帮助他，同时有问题也愿意跟他一起讨论，因为他随和、上进。

朱肇学追求上进，除了学习之外，他还经常参加各种社交活动，负责组织聚会，增进同学之间的情谊，结识人脉。

朱肇学喜欢游泳，希望结识这方面的人才，所以他努力成为北京大学游泳队队长兼游泳爱好者协会理事长，就是为了与顶尖游泳人才交流。

朱肇学以一颗赤诚之心投入到生活中，珍惜一分一秒的时间，为的就是让生活更有意义。他总是希望结识更多优秀的人，因为从他们身上能够学到很多知识，也因为这个特点，很多好学生都自动找到他，彼此传递正能量。

无论是在什么情况下，如果能够与优秀者为伍，与快乐者同行，都是一件幸运的事。和快乐的人在一起，每天的心情都会不错；和优秀的人在一起，进步也是显而易见的。而与平庸者为伍，你也会沦为庸才。这是北大人绝不能接受的，因为他们有更高的目标，更大的梦想。

人往高处走，水往低处流，像北大人一样，与快乐的人交往，与优秀的人同行，你的人生一定会迈向更高的境界。

北大成功秘诀——积累成功人脉的绝招

人际关系永远是发展路上最重要的事情，这一点北大人在初入校园时就已经很清楚，因此他们会参加各种学生社团，以求多认识一些人。那么，他们有什么绝招呢？一起来看看吧！

第1招：认清人生的意义，设定人生目标；

第2招：向他人列举你的重要成就；

第3招：清楚自身哪些专长和资源是他人迫切需要的；

第4招：挥别独行侠的日子，与成功者为伍；

第5招：永远相信自己是最优秀的人；

第6招：拟定想要结识人员的名单，定期予以审视与修改；

第7招：绘出一张理想的人脉资源图，贴在墙上，时刻激励自己；

第8招：专业化的自我介绍，第一时间吸引众人；

第9招：学会有技巧性地打开话匣子，寻找谈资；

第10招：牢记每一个人的名字；

第11招：无论与谁交往，都要以礼相待；

第12招：名片必须是经过精心设计的作品，名片上绝无过时的资料；

第13招：不要吝于表达感激与赞美之意；

第14招：欣然接受他人的道谢与援助；

第15招：建立一套行之有效的人际关系网；

第16招：尽量回复当天的所有来电或短信；

第17招：在拿起话筒之前，先思考一下怎么说；

第18招：在参加社交活动之前，应妥善规划；

第19招：主动寻求他人的帮助；

第20招：对于别人所提出的建议，应当立即执行；

第21招：积极参与各种社团活动，并设法在社团内担任有实权的职位；

第22招：勤于利用人际关系网来处理别人的请托事务；

第23招：对于人际关系网中的每个盟友，都倾全力助他们步步高升；

第24招：真诚地聆听朋友的心声。

【北大考考你】

在北大的心理学课上，北大教授问了学生们一个问题："你觉得你会如何获取精神收获?"

精神收获有着很广泛的含义，每个人对精神收获的定义都不同。

有的学生觉得阅读和进步才能让自己的内心充实，才能获取精神上的满足，有的学生则认为多体验生活有助于自己精神饱满。

其实，这个问题没有既定的答案，每个人获取精神收获的渠道都可以不一样。教授是希望学生们明白，不同的人有不同的方法，唯独精神收获这一点是不可忽视的。你可以多看书，和不同的人交流，思考困扰着他们的问题；你可以看电影，欣赏不同的音乐剧场，透过浓缩的画面了解不同的人生；你可以去旅游，游历各种地方，洞悉不同的生活经历，从中获取精神元素；甚至和优秀者为伍，通过和优秀者的交往获取自我提升的捷径，也是很好的法子。

总而言之，每个人都应该从自己的实际情况出发，丰富自己的精神世界。

善于倾听，乐于分享

一个人的视力有两种功能：一个是向外去，无限宽广地拓展世界；另一个是向内来，无限深刻地去发现内心。

——北大人箴言

生活中，倾听和分享非常重要，两只耳朵、一张嘴巴，就是让我们要少说多听，而学会与人分享是一种无私美德，在带给别人快乐的同时，也会带给自己快乐。

倾听有多么重要？试想，当你遇到难题向他人请教时，如果你滔滔不绝说个没完，让被求教的一方如何给你解答？

分享有多么重要？当你在某一次考试中取得了好成绩，却把这份喜悦藏在心中，而不是选择与家人、同学、朋友分享，那么谁又能感受到你的快乐呢？这会是多么令人沮丧的事啊！

因此，做一个善于倾听、乐于分享的人，也会给周围的人带来快乐。

出生于阿勒泰地区的双胞胎兄弟宋少鹏和宋少栋，分别考入了北京大学和清华大学。两兄弟之所以能够取得这样的成绩，与他们彼此懂得倾听与分享是分不开的，这也是促进彼此学习成绩提升的重要原因。

初中毕业，宋少鹏和宋少栋兄弟来到了兵团二中。从此，两兄弟开始了艰辛的高中学习生涯。在这里，少鹏和少栋有了一个私下的约定，为了不让父母担心，为了能够考入理想大学，他们要更努力地学习。在此过程中，无论谁遇到困难，另一个人都会倾听对方的苦恼，并主动分享自己的方法。他们还发明了一种比较学习法，就是通过相互比较给自己增加压力，从而彼此激励的学习方法。

如果没有彼此分享，兄弟俩的成绩是不可能提高得这么快的。他们会利用自己的强项帮助对方，比如哥哥的物理成绩好，就在这门课程上给弟弟多些指导；而弟弟在化学方面成绩比哥哥好，就在这门课程上给哥哥提供帮助。在一起探讨，同时又有比较的学习氛围下，他们形成了一个你追我赶的局面。就这样，他们的成绩一直都名列前茅。

如果有人愿意倾听你的诉求，倾听你的苦闷，那将是一件幸运的事。如果他同时还能无私地与你分享，那么他一定是一个非常好的朋友。拥有了这样的伙伴，在学习和生活中会更加顺利。

北大成功秘诀——如何成为一名好的倾听者

如今的人自我表达意识很强，都喜欢滔滔不绝地表达个人看法，常常忽视了他人的感受。聪明的北大人意识到了这一点，他们很清楚，人们更喜欢那些能耐心听自己发表意见的人，而不喜欢滔滔不绝讲个不停的人。因此，即便他们学富五车，也非常谦虚；即便对方说的尽是废话，他们也会表现出倾听的姿态，耐心听对方讲完。这既是一种礼貌，也是一种高超的为人处世的方法。

下面，就一起来领教一下北大人的高超方法吧。

1.保持眼神交流

眼睛是心灵的窗口，如果能在沟通的过程中与人保持眼神接触，就能让对方感觉自己被重视，还能让对方觉得你正在思考他的话，这样就能形成良好的互动关系。

2.适当运用表情

最能调动说话者积极性的，莫过于让他感到别人对他的话题感兴趣，而要让他有这种感觉，倾听者就要对他的谈话内容回应以适当的表情。比如欣赏地点点头，适当地微笑，都可以当作正在用心倾听的表现。

3.避免干扰性的动作姿势

如果与人交谈过程中表现出心不在焉，那肯定会使沟通的效果大打折扣。所以，倾听者要竭力避免看手表、翻文件等动作，这些动作会让对方感到你并没有全神贯注地听。

4.不要打断说话者

善于倾听的人从不打断对方的话，他们会在想说话前，先让对方说完想法，然后再发表意见。

5.不要说得太多

适当地参与说话者的话题，能够使发言者更加兴奋。但若是过多参与，则会使说话者不快。一个好的倾听者不能说得太多，切记这一点。

6.在倾听者与发言者之间自如转换角色

在沟通时，大多数情况是既要听又要说。善于倾听的人能在这两者之间自如转换，让沟通达到最佳效果。

【北大考考你】

一次，一位老教授问一位男学生：你觉得机遇和环境对你的人生有什么作用?

这位学生想了想，觉得机遇和环境对人生都特别重要，于是说："我觉得机遇是可遇不可求的，可是机遇能给人从量变到质变的机会，就像中彩票，你一旦中了，人生就会为之蜕变。而环境嘛，这个因人而异，好的环境能引导一个人向更好的层次发展，不好的环境将成为拖后腿的因素，但同时也是这个人上进的动力。"

学生的回答很全面，不过还是没有切中要害。

教授对学生说："其实，决定一个人命运的，不是环境；改变一个人命运的，也不是机遇。环境纵然可以影响人，塑造人，但是人力可以胜天；机遇确实能让人的生活和发展获得飞跃式进化，但缺乏机遇，却通过自身努力而得到进步的例子也比比皆是。"

总而言之，机遇和环境对一个人而言，可以很重要，同时也可以一点都不重要。只要你足够坚定，足够努力，就可以凭借自己的双手，创造出不同的人生。

播洒阳光的人，也会照亮自己

含泪播种的人一定能含笑收获。

——北大人箴言

罗曼·罗兰说过：“要播洒阳光到别人心中，总得自己心中有阳光。”当我们在帮助别人，给别人的内心带去温暖的时候，也能因为这些付出而让自己感受到正能量。这个世界，没有人愿意与自私的人交往。试想，如果在你的班里，有一个顶尖学生，成绩无人能及，所有同学解决不了的问题他都知道，可是他就是不告诉任何人，这样的人会有同学愿意与他交往吗？这种人虽然绝顶聪明，但却没有一颗乐于播洒阳光的心，所以也就无法照亮自己。

北京大学的张鸿年教授也说过：“我已把语言的种子播撒到大地上。”张教授是一位语言方面的专家，他将语言通过教学与著作的形式传递给学生，在传递知识的同时，也让自己感受到快乐。

1956年，年轻的张鸿年毕业于北京大学俄罗斯语言文学系，之后他继续参加东方语言文学系波斯语专业的学习，由此走向了对波斯语领域学习与研究的前沿阵地，并取得了不错的成绩，而在学有所成之后，他也不忘将所学内容进行传播。

为了播撒语言的种子，在毕业很久以后，张鸿年于1986年去了伊朗进修。直到1996年退休，张鸿年教授一直都在从事着波斯语的研究及教学工作。除此之外，他还加大了对波斯语的普及与宣传工作，对该语种的一些经典著作进行了翻译，通过出版物的形式让优秀的波斯文化在中国得到了广泛传播。其中，他所翻译的《波斯故事》一书就深受大家的喜爱，也让波斯语被更多的中国人所了解。《波斯故事》讲述了十几个神奇又迷人的故事，同时还收入了一些未被编入《一千零一夜》中的早期波斯民间故事,内容丰富多彩,很好地展示了波斯文学的繁荣景象。除了《波斯故事》,中国的图书市场上已经出版的《波斯语汉语词典》《波斯文学史》《波斯文学故事集》等，均有着张教授的汗水。

有付出就会有所回报，播散的种子可以在丰收的季节迎来收获。张鸿年教授所播撒的这些语言的种子，同样让他收获颇丰。因为翻译著作的出版，张教授所获得的各类奖项自然不少。同时，张鸿年教授因为在波斯语方面的教研，也获得了不少嘉奖。其中，作为北京大学外国语学院的教授，他与曾延生和叶奕良同时获得了“终身成就奖”。这是一个由伊朗伊斯兰文化联系组织所颁发的奖项。该奖项就是对张教授为波斯语所做出的贡献的最好肯定。

在播洒的同时，张鸿年教授同样也用播洒出去的阳光照亮了自己。这是他给予自己的最宝贵的回馈。

北大成功秘诀——付出与回报

播洒阳光照亮他人是一种付出行为，这样的付出有时候会得到回报，而有时候却不能。遇到这种情况，如果你不能调整心态，就会对自己的付出产生怀疑。在北大人看来，付出是不该求回报的。他们的过人之处就在于，在播洒阳光照亮他人的同时，也让太阳的温暖照耀了自己。

曾经有一位名叫哈姆的西班牙糕点小贩，伴随着狂热的移民浪潮也来到美国淘金。然而，到了美国后，他发现，生意并非像他想象中的那样好做。

1904年夏天，哈姆得知美国即将举行世界博览会，他觉得这是一次好机会。于是他就把自己的糕点工具搬到了会展地——路易斯安那州。值得庆幸的是，他被政府允许在会场的外面出售薄饼。但游人对他的薄饼似乎没多大兴趣，而与之相邻的一位卖冰激凌的商贩倒是生意红火，不一会儿就售出了许多冰激凌。他很快就用完了自带的冰激凌碟子。

虽然心情不是很好，但哈姆天生热心肠，他看到邻居生意这么好，又用完了碟子，就把自己的薄饼卷成锥形，让他盛放冰激凌。

为了表示感谢，卖冰激凌的商贩便买下了哈姆的薄饼。这样，大量的锥形冰激凌便源源不断地送入了顾客口中。令两人意想不到的是，这种锥形冰激凌深受顾客的好评，还被评为了那次世界博览会上“最受欢迎的产品”。从此，这种锥形冰激凌开始在全世界迅速传播，广为流行，并逐步演变成为今天的蛋卷冰激凌。

它的发明者自己都不敢相信，自己的一次善举成为了“神来之笔”!

付出与回报永远是相辅相成的，这期间，你要做的就是调整好心态。下面就让我们看看北大人对于付出与回报的看法吧：

·付出与回报互为因果关系，付出本身就是为了收获。一分耕耘一分收获，付出不一定有回报，不付出就一定没有回报。

·舍就是付出，有舍才有得，付出也就是舍得中的舍，要先舍再求后得。

·付出分两种：一种是有目的的舍，是为了成事业，为求利；另一种是无目的的舍，为求名，求得尊重、支持。

·只有我们每个人都真心付出，全力帮助别人，才会得到同样的回报。

·付出不能只停留在嘴上，要伴随实际行动。只有将你的好意变为行动，才有可能得到回报。

·要重在感情付出，而非利益付出。与人交往，不只局限于个人利益，而应在工作、生活、感情等各方面互相帮助。不要没有利益就不做，有利益就尽力而为，这样很容易给人一种唯利是图的感觉，很难得到真心回报。

·“授人玫瑰，手留余香”，付出是一种快乐的行为，即便明知没有任何实质性的回报，如果你的付出能给你、给别人带来快乐，就是值得欣慰的。

【北大考考你】

在一次面试中，北大教授问学生：你理想的职业是什么?

不同的学生有不同的梦想，而能实现梦想的职业就是最理想的职业。比如有个学生的梦想是当一名律师，所以他觉得最理想的职业是律师。而喜欢音乐的学生，则会选择当音乐家。

此时，教授分享了自己的理想职业。他认为，世界上如果真有天堂，那天堂最好是图书馆的样子，而最理想的职业就是在这座图书天堂中，当一位图书管理员。

学生们听了教授的话都很诧异。确实，和他们的理想职业相比，教授的理想职业很平庸，也不赚钱。可是，教授是想让学生们明白，能够担当一个撒洒阳光、服务别人的人，才是最幸福的。好的职业能够让自己的生活得到改善，能够赚取更大的酬劳，可是，能否在一个岗位上帮助他人，才是一个人最高的追求。

因此，在生活和工作中，我们都要明白帮助他人才能照亮自己的道理。

团队的力量是强大的

成功必备：亲和力，亲和即人脉；决断力，果断决策，拒绝犹豫；执行力，执行是决策的接续；创造力，把普通变成不平凡；前瞻力，洞悉先机，引领潮流，领先半步；凝聚力，像磁石般凝聚进取的团队；辐射力，用品位和诚信征服市场和消费者；影响力，超越时间和空间。

——北大人箴言

读书时，你可能还无法完全领会团队的重要性，然而当你进入职场之后，团队的力量就会尽显无疑。可培养团队精神的最佳时期却是学生时期，所以我们一定要珍惜这个阶段。

要知道一个人解题是很无趣的，尤其在遇到疑难问题时，人极有可能会变得心烦意乱，这时，如果你能加入某个团队，和同学们一起寻找解题思路，那难度自然就会降低很多，也不会感到厌烦了。

像其他大学一样，北京大学也有着很多社团组织。比如戏剧社，这里聚集了北京大学喜欢戏剧表演的学生。在这里要为大家介绍的，是一个名叫爱心社的组织。

北京大学的爱心社究竟是一个怎样的社团呢？1993年底成立的北京大学爱心社，如今已经发展到了一定的规模。爱心社的名誉会长是季羡林先生，这是一位在北大德高望重的老教授，也曾任北京大学的副校长。北大光华管理学院名誉院长厉以宁教授，则是社团的管理顾问。另外，北大艺术学系的朱青生教授，也在该社团担任名誉顾问之职。

以上提到的是在北大任职的教授专家，他们都在爱心社担任顾问。另外，濮存昕（著名的表演艺术家）、鲁健（中央电视台的主持人）、刘璇

（奥运冠军）和桑兰（全国体操锦标赛冠军）等，也分别在爱心社担任名誉顾问之职。

通过上面这一串顾问名单，我们就可以了解到爱心社的人气有多高。很多学者、专家、明星，包括体育冠军都已加入到了这个团队中。但是，一个团队的力量不能只看这些方面，最主要的还是要看它所做的事情，以及通过这些事情所散发出的力量，或者说通过这些事所帮助到的人。

在北大爱心社成立的十多年里，社团大大小小的爱心举措数不胜数。下面就通过几件较为震撼人心的事件，来让大家了解这个团队的力量。

1999年，爱心社协助摄影家王博在校园内进行了为期三天的作品展。仅通过这一举措，就帮助当时的很多贫困学生解决了学费问题，在这次活动中受益的失学儿童达到了二百多名。另外，2011年的三月份，爱心社组织了一次收衣服活动，累计收到全校师生捐献的衣物两万余件。同时，爱心社也不忘帮助那些需要帮助的老年人以及孩子等弱势人群。社团经常组织爱心社的成员到一些敬老院、孤儿院献爱心，做一些力所能及的事。社团还会不定时地举办一些义卖活动，去帮助一些需要帮助的人。

北大爱心社所做的好人好事远不止这些，而北大爱心社的成员因为毕业等各种各样的原因，已经换了一批又一批。但是，他们的爱心举措却没有停止，也永远不会停止。关爱儿童、关心老人、平等助残、服务校园，是北大爱心社传递出来的力量。他们就是在这些大大小小的事情上，通过自己的努力与付出，给那些需要的人以温暖。

从北大爱心社的事例中，我们可以明白一个道理：团队的力量是巨大的。一个人做好事，不如去组织一群人做好事，继而产生更大的传播效应。

团队模式的好处不仅限于它的力量强大。如果我们以一个团队形式工作，那么在处理那些枯燥、苦闷的工作内容时，也就有了可以分享的伙伴，我们也就不再感到孤单，更不会对自己所从事的工作产生怀疑。因为更多人的付出与合作，让我们的事业变得更有意义。

北大成功秘诀——团队精神很重要

每个人都很清楚团队力量是巨大的，北大人更是如此。也正是因为他们天赋异禀，能力超强，才更懂得利用团队的力量更快地实现目标。但是，并非每个人都具备团队精神，这也是很多团队如同一盘散沙的原因。

一个缺少团队精神的组织，并不能达成1+1>2的结果。法国农业工程师林格曼的拉绳实验就证明了这一点。

林格曼将测试者分成四组，每组人数分别为1人、2人、3人和8人。格尔曼要求各组用尽全力拉绳，同时用灵敏的测力器分别测量拉力。测量的结果有些出乎人们的意料：2人组的拉力只为单独拉绳时2人拉力总和的95%；3人组的拉力只是单独拉绳时3人拉力总和的85%；而8人组的拉力则降到了单独拉绳时8人拉力总和的49%。

之所以产生这种现象，归根结底是团队精神缺失的结果。当一个人在拔河时，没有任何可以依赖的人，必定竭尽全力。而当人数逐渐增加时，人的心理发生了微妙的变化，惰性增强，认为自己偷点懒没关系，因为责任由大家共同分担。

之所以组建团队，将人们组织起来，就是要发挥整体的威力，使团队的整体大于各部分之和。而拉绳实验却告诉我们：有时候1+1<2，即整体小于各部分之和。

团队如一盘散沙是让人头疼的事，那么北大人是如何认识团队问题的呢？看看他们的做法吧：

1.正确认识团队精神的重要性

北大人认识到了团队精神的重要性，并将其付诸在行动上，而非只是嘴上说说而已。只有当一个人从心里认同团队精神的价值，才会付诸行动，有所作为。

2.努力提高合作意识

在平时的工作中，有意识地多与他人合作，尽管有些问题我们已经有了想法，或是能够独立完成，但还是可以征询团队的意见，寻求帮助。也许他人的意见或帮助，将会提高我们的学习效率。

3.维护团队关系

如果团队成员之间关系失和，那么是不可能有效合作的，效率也必定会降低。所以，作为团队的一员，有责任维护整个团队的和谐，只有每个成员之间关系融洽，大家才能向着同一个目标高效前进。

4.求同存异，为大局着想

如果我们的意见与团队意见发生分歧时，即便自己是对的，可在无法说服大家时，也应该选择与团队站在一边。因为团队行动一旦出现偏差，也会很快得到纠正，重回正轨，但如果各自按照自己的想法行事，那只会降低做事效率。

【北大考考你】

立为是一名普通的农民，一辈子没有出过远门。他辛劳耕作了半辈子，攒下了一些钱，终于在五十岁的时候报名参加一个旅游团，出国旅游去了。

当然，对于农民立为而言，国外的一切都很新奇，而且他报的是豪华团，一个人住一个标准间。这让立为很骄傲，觉得很幸福，很与众不同。

一天早上，酒店服务生敲门送早餐来的时候，说了一句："Good morning，sir!"

立为就呆了。这句话到底是什么意思呢？立为没有人可以问，只好自己猜度。因为在中国，一般陌生的人见面都会问："您贵姓?"所以，立为以为服务生在问自己的姓名，于是大声答道："我叫立为!"

就这样，接下来的几天时间，都是这个服务生来敲门，而这个服务生每天都说"Good morning，sir"，立为也每天都大声说出自己的姓名。可是，立为就不明白了，为什么这个服务生这么笨呢？每天跟他说自己的名字，他都记不住。

后来，终于有一天，立为忍不住，就问自己的导游，服务生说的话到底是什么意思。导游跟他说，服务生说的话是"先生早安"的意思。

知道自己搞错了，丢脸丢大了，立为觉得很不好意思。于是下次服务生再来的时候，立为便回答一句"Good morning"。

讲完这个故事后，教授问自己的学生：这个故事告诉了我们什么？

学生众说纷纭，但教授却一直摇头。最后他说，这个故事告诉我们，很多时候你都可以独善其身，但是独善其身的同时，你可能要一个人承担很大的风险。因此，人生在世，不要过于特立独行，不要觉得自己一个人什么都能行，要善于借助他人的力量。

第六章
谁的青春不曾迷茫，谁的成长不曾孤单

我的青春印记，留在篱笆上的铁钉

青春如初春，如朝日，如百卉之萌动，如利刃之新发于硎，人生最宝贵之时期也。青年之于社会，犹新鲜活泼细胞之在身。

——北大人箴言

谁的青春不曾犯错？因为年轻，因为冲动，我们可能曾做过很多傻事，然而，这就是青春，每个人都无可逃避。只要我们能够学会控制自己，就能够让青春只剩下美好，而将那些留在篱笆上的铁钉彻底拔掉。

于丹教授在演讲中，跟北京大学的学生们分享了一个《篱笆上的铁钉》的故事。

《篱笆上的铁钉》主要讲的是一个男孩用在篱笆墙上钉铁钉的方式，最终改掉自己坏脾气的故事。故事中的男孩脾气很坏，动不动就跟家人发脾气，有时甚至还会跟别人打架。为了让男孩改掉这个坏脾气，父亲就给了他一大袋钉子，并告诉男孩，以后每发一次脾气，就在自家的篱笆墙上钉上一颗钉子。男孩照父亲的吩咐做了。

刚开始，男孩因为没能控制住自己的脾气，导致每天都有很多钉子被钉在篱笆墙上。慢慢地，男孩发现控制脾气并不像把钉子钉在篱笆墙上那么难。这之后，被钉到墙上的钉子的数量就越来越少了。

终于有一天，男孩没有发一次脾气。他心里觉得非常开心，就将这件事告诉了父亲。但是，父亲又告诉他，在这之后要开始将原来钉上去的钉子一颗颗给拔下来。只要一整天都不发脾气，就可以拔掉一颗钉子。男孩觉得父亲说的应该是对的，他又照做了。

时间一天天过去，男孩也在自觉地克制着自己的脾气。看着墙上原来钉上去的钉子一颗颗地减少，男孩心里很开心。随着时间的推移，终于有一天钉子被全部拔掉了。当他跑去告诉父亲这个消息的时候，父亲跟他一起来到了那原先钉着钉子的篱笆墙前。“你看看这墙上的钉孔，虽然钉子已经被你拔出来了，可是这些洞却没办法恢复了，篱笆墙也已经不可能恢复到原来的样子了。”父亲对男孩这样说道，“这些钉孔就好像你发脾气时说过的过分的话，或者做过的过分的事，虽然可以用道歉去弥补，但是它还是会在别人心里留下‘钉孔’的。而这些‘钉孔’是你无论怎样做都难以恢复的。”

于丹不仅用《篱笆上的铁钉》这一故事教导了正值青春年华的年轻人，也在用这则故事教育着自己的孩子。她跟大家分享这个故事的用意，是想让听她讲座的同学能够认识到，因为过于自我而没有去多体谅别人，也会因此伤害到自己最亲最近的人。故事结束了，可是它播洒的教育才刚开始。生活中说的话或者做的事很过分，就可能伤害到自己的朋友或家人。虽然家人和朋友不会与你计较，但是别忘了，留在他们心里的痕迹就像墙上的钉孔，永远都无法抹去了。

生活中，我们是不是也会像文中提到的男孩一样，因为做一些事情留下了那些难以抹去的伤痕呢？请记住，无论你是有心的还是无心的，一定要避免做一些伤害到别人的事。如果这样做了，即使你将来有心去弥补，也未必能够弥补得了。

所以年轻人除了完成学业，更要学习怎样与人相处。人们常说社会是个大熔炉，只有学会了这一点，等到步入社会时，你才不会迷失方向。

北大成功秘诀——学会制怒

发怒对人对己都没有任何好处，无论在学习、工作还是生活中，我们都要充分认识到发怒的害处，以确保自己的身心健康。同时，尽可能通过自我调节，避免发怒。

发怒一分钟，你失去的不仅是幸福，还有健康。心理学研究表明，脾气暴躁，经常发火，不仅会增加诱发心脏病的致病因素，而且会增加患其他病的可能性。因此，学会制怒已经成为一门生活的艺术。下面是一些能有效控制愤怒情绪的方法：

1.有意识地控制情绪

当你意识到愤怒情绪即将爆发时，要用意念控制自己，并不断进行自我暗示："别发火，发火易伤身。"通过积极的自我暗示与自我激励，可以把愤怒的情绪调整到可控范围之内。内心平和，便能够获得战胜怒气的精神力量。

2.切忌反应过度

发怒时，任何人都会处于暂时的失控状态，但是我们应该学会克制自己，让自己很快冷静下来。他们会做出合理的反击，绝不会反应过度，因为他们清楚，激烈的回击必然招致更大的怒气，结果会两败俱伤，实在不值得。

3.合理、适当宣泄

当心中出现怒气时，强行压制怒火绝不是好办法，这样做有损健康。正确的做法是采用适当宣泄的方式，比如在空旷的地方大喊、大哭一场、参加体育运动以消耗旺盛的精力等。这些行为都会有效释放内心的冲动。当然，找人倾诉也是宣泄心中烦闷的好办法。

4.自我按摩

怒气会使你的颈部和肩部肌肉紧张，引起头痛。自我按摩头部或太阳穴十秒钟左右，有助于减少怒气，缓解肌肉紧张。当然，如果条件允许，还可以去盲人按摩店放松身心，非常有助于放松，减缓怒气。

5.用冷水洗脸

冷水会降低你皮肤的温度，让你尽快冷静下来，这是快速制怒的最有效方法之一。

6.换位思考

当你发怒时，要站在对方的角度考虑问题。很多时候，你会觉得没有理由迁怒于他人，自己的怒气自然也就消了。

7.宽以待人

如果你有一颗宽容之心，那么人生便很少会产生愤怒情绪。当你学会宽容，可以平静地看待一切人和事时，愤怒的情绪就会离你越来越远。

下面是一首北大学子非常喜欢的《不生气歌》，希望这首歌谣能够带给每个人快乐的心情：

人生就像一场戏，今生有缘才相聚。
相识相处不容易，人人都该去珍惜。
世上万物般般有，哪能件件如我意。
为了小事发脾气，回想起来又何必。
他人气我我不气，气出病来无人替。
生气分泌有害物，促人衰老又生疾。
看病花钱又受罪，还说气病治非易。
小人量小不让人，常常气人又气己。
君子量大同天地，好事坏事包心里。
他人骂我我装聋，高声上天低入地。
我若错了真该骂，诚心改正受教育。
要是根本没那事，全当他是骂自己。

左亲右邻团结好，家庭和睦乐无比。
夫妻互助又亲爱，朝夕相伴笑嘻嘻。
政通人和想天伦，晚年幸福甜如蜜。
邻里亲友不要比，儿孙琐事随他去。
淡泊名利促健康，文明礼貌争第一。
三国有个周公瑾，因气丧命中人计。
清朝有个闫敬铭，领悟危害不生气。
弥勒就是布袋僧，袒胸大肚能忍气。
笑口常开无忧虑，一切疾病皆消去。
不气不气真不气，不气歌儿记心里。
只要你能做得到，活到百岁不足奇。

【北大考考你】

如果有一天，你发现你的人生无限长，有很多时间可以做自己想做的事情，那么你会选择什么？

·将一切无限延期，事情放着慢慢做，因为你有很多时间。

·将以后的时间填满，该做的事情继续做。

偷懒的人或许会觉得，如果时间无限多，生命无限长，那么事情放着慢慢做也是可以的。就像“等我老了，就去环游世界”、“等我工作没那么忙了，就去运动”等等，这些经常挂在嘴边的未来的计划都可以慢慢去执行了。

我们总是会等，觉得时间可以等我们。其实不是的，我们都觉得自己还有很多时间，可以一步步地实践我们对自己的承诺，殊不知，我们在等待中耗费了宝贵的生命。做人一定要活在当下。

人无志向，等于迷途的盲人

苦心人天不负，卧薪尝胆，三千越甲可吞吴。有志者事竟成，破釜沉舟，百二秦川终属楚。

——北大人箴言

因为有了志向，人生才有了意义。

一个人如果心中没有志向，那么行走在人生道路上时，就会像迷途的盲人，看不到前方的路，生活一片黑暗。反之，如果有了坚定的志向，你的人生就能够少些迷茫。

毕业于北京大学的曲向东，受到北大文化氛围的影响，很早就奠定了自己的志向，决心从事影视产业。可是，事业的起步并没有那么容易。但在志向的指引下，他一路向前，从不迷茫。

为了实现理想，曲向东先后将电视行业的各种工种做了个遍，例如电视相关的统筹、编导、制片、摄影、记者等所有工种他几乎都做过。为了心中的理想，他绝不会放弃任何一个机会。最终，他也梦想成真，成了知名媒体人。

在《大家》这一档节目中，有一期的嘉宾是冯其庸，曲向东就是在这一次采访中认识了冯老。已经六十多岁的冯其庸在12年的时间里曾经先后七次踏上“玄奘之路”，重走了当年唐玄奘去印度取经时走过的那条充满艰险的道路。本身就热爱冒险的曲向东，为了体验玄奘精神，也决定重走“玄奘之路”。从敦煌塔尔寺遗址到白墩子，途经大墓子母阙、葫芦河和城北戈壁，这800里流沙正是玄奘当年战胜怀疑和迷惘，完成人生转变的一条路。曲向东和其他二十多人，开始了这场体验之旅。

这一次的体验之旅，既让曲向东累积了经验，也让他坚定了要将这件事继续下去的决心。在朋友的建议下，曲向东决定组织团队进行EMBA戈壁挑战赛。2006年，他策划发起了中印友好年大型文化考察活动“玄奘之路”，带领着由文化学者、经济学家、企业家和媒体人士组成的交流考察团，驾车沿着1400年前玄奘西行取经的路线，克服重重困难，穿越动荡不安的中亚地区，成功抵达印度，全程1 2000千米。考察团受到了胡锦涛主席的亲切接见，并被胡锦涛主席誉为一次“中印民间和平交往的盛举”。

曲向东用自己的实际行动，践行着理想，并最终实现了自己的人生目标。他参与创办主持了著名经济访谈节目《对话》，从2003年至今一直担任社会文化访谈节目《大家》的主持人，零距离采访数百位中国大师级人物，涵盖了科学界、文化界、艺术界、经济界等领域。

如果你也想让生活充满意义，就树立一个远大的理想吧，然后便开始为之不断努力。

北大成功秘诀——如何培养志向

远大的志向就好比灯塔，在黑暗中引领船只前行。所谓立志要趁早，就是说趁年轻就该确立志向，这样才会给人生带来动力。下面来看看北大人的志向起航课吧：

1.始终保持理想与信念

没有信念的人生毫无意义，没有理想的人缺少前进的动力。如果你去问任何一位北大人，他们都能够清晰地说出自己的志向。他们都有具体的目标，要在有限的时间里尽可能地实现人生理想。

2.始终以具体目标激励自己

远大的志向会显得过于缥缈，因此北大人习惯于树立具体可行的目标。每当完成一个目标之后，他们都会感到兴奋，越来越有动力，有助于完成更大的目标。

3.切忌好高骛远

一说到树立志向，很多人都会想到一些伟大的事情。殊不知，每个人的能力有大小，很多所谓的志向听起来更像是不可能完成的任务。这样，不但浪费了时间，还会给自己造成打击。因此，不要好高骛远，务实一点才是对策。

【北大考考你】

有一天，北大教授和几个学生在食堂吃饭。教授和学生们聊得很开心，便问了他们一个问题：如果在你家附近有一家餐厅，东西不大好吃，环境也有点糟糕，可是它离你家很近，而如果你要到别的餐馆吃饭，就得坐车、走路，在路上来回得花上一个小时才能吃上一顿饭。在这样的情况下，你会选择在这家东西不好吃、环境又脏的餐馆吃饭，还是坐车到别家餐馆吃饭呢?

有的学生听完问题后，坚决表示，宁可来回花一个小时坐车到外面吃饭，都不去这家餐馆吃饭。而有两个学生则觉得，时间很宝贵，好不好吃都是随便一顿，不必过于执着。

教授听到学生们的回答，笑着说："其实大家都有理，有时候我们想东西和做事情就是这样，不能过于执着，因为一旦过于执着，你会发现很多事情都做不好。做人做事，要懂得在现有的环境中追求更好的，不要把时间花在抱怨上。"

上帝给你关上一扇门的同时也会打开一扇窗

人生的漫漫长路，蜿蜒曲折，看似遥遥无期。我们如沙漠中的行人，寻找着生命的绿洲。但这绿洲如虚无缥缈的海市蜃楼，你咫尺，它消逝。在沙漠中，会迷失，会煎熬，但只要执着地坚持下去，就能找到那甜美的甘泉。

——北大人箴言

人生无绝路，尤其是年轻人，青春就是最大的资本，所以即便是遭遇挫折、陷入绝境的时候，也不要轻易放弃，因为肯定还有机会。上帝为你关上一扇门，一定会给你打开一扇窗。

漫漫人生路，我们需要做出无数次的选择，这些选择有时候是主动的，但有时候却是被动的。但无论什么时候，我们都要坚信，上天不会给你一条绝路。桑兰对此肯定深有感触。

1998年的时候，年仅17岁、前途一片光明的桑兰去纽约参加体操比赛，但她却在赛前的一次训练中不幸发生意外，造成脊髓严重挫伤，从此失去了再次站立起来的机会。不但体操生涯被迫结束，就连日常生活也遇到了重大难题，她的人生发生了翻天覆地的转变。桑兰没有被这样的变故击溃。经过治疗她逐渐开始恢复，虽然以后的人生都只能与轮椅为伴，但她已经从绝境中站了起来。虽然她再也无法参加体操比赛了，但是她对体育的热情并没有丝毫减退。桑兰决定重新面对人生。2002年，桑兰被北京大学新闻与传播学院录取，正式成为了广播电视专业的学生。她要凭借自己的努力，重新赢得生活。这一年，桑兰加盟了星空卫视，主持一档体育类节目《桑兰2008》。

而进入北大的桑兰也依然保持着她之前当运动员时的昂扬斗志。选择了再次出发后，她除了坚持康复训练，也不忘兼顾好自己的学业。经过几年的努力，桑兰顺利从北京大学毕业。而在完成学业之后，桑兰选择了继续为奥运服务，她用另一种方式投入到了自己深爱的体育事业中。

如果之前没有发生那次意外，桑兰可能会出现在自己祖国的奥运赛场上，但是现实太残酷，这一切已经不可能了。然而，上天给了桑兰另一个机会，让她用这样的方式去圆了每一位运动员心中的奥运梦。

关上一扇门，推开一扇窗，这就是人生。如果命运选择了艰难，我们一样可以找到方法坚强地活着。只要我们不断前进，奇迹就会持续发生；只要我们不放弃，就没有人能够轻易抛弃我们。

北大成功秘诀——永不放弃

没有人从来不会失败，成功的人之所以能够获得成功，是因为他们身上有着永不放弃的精神，即便在绝境中，他们也能重拾希望。

美国有一位传奇赛车手，名叫吉米·哈里波斯。他从小就喜欢风驰电掣的感觉，并立志成为一名出色的赛车手。吉米在参军之后负责开卡车，退役之后，仍然在一家农场里开车，因此练就了不错的驾驶技术。

吉米从没放弃自己的理想，他在工作之余一直坚持参加业余赛车队的训练，总是尽可能地参加每一次比赛。不过，一开始他的成绩很不理想。

直到那次，他参加了威斯康星州的赛车比赛。当赛程进行到一半多的时候，他的赛车位列第三，他有很大的希望在这次比赛中获得好的名次。可这时意外发生了。排在头两位的赛车由于超车而撞到了一起。为了躲避他们，吉米撞向了车道旁的墙壁上，赛车被撞了个稀巴烂，并燃烧起火。当他被救出来时，体表烧伤面积达40%，经过7个小时的抢救才幸存下来。虽然保住了性命，但他的手被烧得像鸡爪子一样。医生告诉他说：“你再也不能开车了。”

对于吉米来说，这无疑是人生中最大的打击，是他所经历过的最大的灾难。但他并没有自暴自弃、怨天尤人，而是积极寻求治疗。他接受了一系列植皮手术，为了恢复手指的灵活性，每天都进行艰苦的训练。他相信自己一定可以恢复，一定能够重新开上自己心爱的赛车。

他做到了，仅仅用了9个月时间，他便再次重返赛场！车祸发生11个月后，在同一块场地，吉米最终如愿以偿，捧起了比赛的冠军奖杯。记者们纷纷将他围住，并反复问他同样的问题："在遭受了那次事故之后，你是怎样重新振作起来的?"

吉米没有回答，他手中拿着一张此次比赛的张贴图片，上面是一辆赛车迎着朝阳飞驰。他用黑色的水笔，在图片的背后，微笑着写下了一句凝重的话："把失败写在背面，我相信自己一定能成功!"

生活充满了无尽的可能，生活中不只有失败，如果我们陷入昨日的失败之中无法自拔，那么肯定也会断送今天成功的可能，而如果我们每次都能从失败中得到成长，那我们就一定可以获得成功。

【北大考考你】

一次，教授问学生："如果最近你翻开报纸，看到通篇都是交通意外，你会因为害怕发生车祸而不敢出门吗?"

这似乎是一道很简单的问题，学生们都毫不犹豫地回答："当然不会，只有傻瓜才会因噎废食。"但在生活中，却有不少聪明人经常会犯因噎废食的错误，诸如怀有"现在的离婚率那么高，让我都不敢结婚了"这种想法的人可不少见。

教授举了一个极端的例子，可是却道出了我们很多人的心态。那你的回答是什么呢?

你大可不必说得这么理直气壮。我们虽然不会因为害怕车祸而不出门，可是我们却会因为害怕很多东西而不敢前进，不敢迈步。比如，你可能不敢创业，因为你害怕创业失败，事业受阻；你可能不敢跳槽，因为你怕跳槽之后，原本安稳的生活也会随之改变。

这都情有可原，关键是，你不去尝试，就永远不会知道你害怕的事情会不会发生。因此，人生需要冒险精神，不要害怕失败，只要在知道方向错误后懂得停下来就行了。

别再自己摸索，学会问路才不会迷路

心里装着天下，手上拿着奋斗，脚下走着属于自己的路，眼睛望着成功，耳朵听着警惕的声音，嘴里说着必要说的话。一路走去，披荆斩棘，创造属于自己的轨迹。

——北大人箴言

迷路了，自己找出口需要一小时，向人问路只要十分钟，你会怎么选择？遇到难题，冥思苦想半天也没有思路，求助他人十分钟就找到了答案。你又会怎样选择？

在北京大学西方语言文学系，有一位叫严宝瑜的教授，他对西方语言有着一定的研究，是西方语言研究的专家。一天，一位学生登门拜访，向他求教。

严宝瑜教授并不认识这位登门请教的学生，只知道她性格很直。为什么这么说呢？因为这位学生一进门就直截了当地表明来意，拿出随身带的舒伯特的《鳟鱼》乐谱，旁若无人地唱了起来，希望得到指点。

那么，这个大胆地来到严宝瑜教授面前“问路”的人到底是谁呢？严教授后来才知道，她是著名的女中音歌唱家罗天婵。

罗天婵在严宝瑜教授面前演唱完之后，问严教授她的演唱如何，语言发音有什么错误。面对这样的问题，平时在课堂上习惯了给学生答惑解疑的严宝瑜教授，就像对待学生般给她讲起了课！

严宝瑜教授首先指出了她演唱时存在的问题，“您在演唱德文时把英文腔夹带着唱了进去，这样会让德国人听起来，感觉自己的母语被美国化了。”想解决不同语言的唱腔，首要问题还是得解决发音。为了帮助罗天婵解决上述问题，严宝瑜教授就在自己的家中给她上起了语音课。他从最简单的德文和英文都有的五个基本元音“a, e, i, o, u”开始，让罗天婵在语音方面的不足得以弥补。罗天婵还告诉严宝瑜，学外语其实跟学唱歌是一样的，都需要多练习。于是在接下来的日子里，罗天婵跟着严宝瑜教授认真学习相关的语言知识，直到最后她才想起还没告诉教授自己的名字。严教授这才知道，原来这位“问路人”是一位大名鼎鼎的艺术家！严教授为罗天婵这种不耻下问以及平易近人的为人处世风格而折服。

没有人是全知全能的，因此，我们要勇于提问，这样可以帮助我们少走很多弯路。许多时候，也会有人想要自己去摸索着解决问题。可是如果有人能带领一无所知的我们更快更好地去往目的地，那为什么不请教一下身边的路人，或者是识途的人呢?

北大成功秘诀——如何才能少走弯路

如何才能少走弯路？这是每一位北大学生都非常关心的问题。因为他们很清楚，少走弯路就意味着高效，节约时间，所以他们非常善于并乐于向他人求教。然而向别人请教问题并不简单，其中也是要有门道的，下面就来看看他们是如何做的吧。

1.虚心求教

生活中，求人办事首先要表现出良好的态度，求教问题也是如此，你要表现出虚心的姿态，当遇到难题时，你应该选择虚心求教，不耻下问。

2.找专业人士

在学习或生活中遇到困难时，最快的解决方法就是寻找专业人士。如果你向一个非专业人士寻求帮助，有时候反而会更加迷乱。

3.求教之前先思考

当然我们也不要动不动就找人求教，遇到不会的问题，先自己思考，实在想不出答案时再去请教他人，否则你还是学不到什么东西。

【北大考考你】

有一次，北大教授要给学生们讲述自我管理的课程。在上课前，教授问了学生们一个问题：你们相信每个人都能成功吗？

台下的学子们几乎异口同声地回答：相信。

那么，到底是不是每个人都能建功立业呢？

当然是不一定的。并不是所有人都能成功，因为成功不是平白而来的。成功与否与命运无关，只跟是否具备成功的条件有关。

成功需要什么？需要无比的毅力，缺少毅力的人永远不可能成功。

很多渴望成功的人总是在听取各种成功人士的经验后，然后绞尽脑汁地想方设法去争取成功。比如不断阅读，不断训练，不断发现问题并解决问题。

但是在这儿之前，我们首先要明白自己的方向，要有足够的能量储备，要不怕困难，才能出类拔萃。

所以说，不要以为每个人都能成功，成功是用汗水编织出来的。如果你没有付出足够的努力，就别指望自己能成功。

低头不是认输，而是要看清自己的路

要想赢，就一定不能怕输。不怕输，结果未必能赢。但是怕输，结果则一定是输。

——北大人箴言

人生要学会示弱，就如同遭遇太阳光直射时要学会低头，但示弱绝不是认输，而是一种聪明的选择。

2008年，北京奥运会时，剑客雷声是排名世界第四的男子花剑运动员。可是到了2009年，雷声的排名却迅速下降至二十几名。雷声的成绩和情绪都陷入了从未有过的低潮。为了让自己能够迅速从这样的状态中走出来，雷声想到了去北京大学上学，就当是暂时向“击剑”低头了。但是他并没有因此放弃，也从没打算认输，他只是想看清楚自己脚下的路，所以选择了读书充电。

2009年9月，北京大学新闻与传播学院迎来了一位剑眉星目的学子。雷声很低调，还带着一些腼腆，迎新的老师与学长们根本不会知道，这位同学会是2012年雅典奥运会花剑比赛的冠军。

正式入学之后，雷声就像其他同学一样，没有什么不同。因为要坚持体育训练，除了文化基础比其他同学弱，学校的社团和活动他也很少有时间参加。雷声在入学之前就很清楚什么是自己想要走的路，他花了更多时间去训练，同时也比其他人认真努力得多。

许多运动员可能会选择在退役后继续深造，然而从来没有一位现役运动员像雷声一样，每天同时坚持训练和学习。因为这样，雷声每天都需要在北京大学和训练场之间来回奔波，其辛苦程度可想而知。

而北大也不会因为雷声是运动员，就在学习方面给予他特殊照顾，雷声即使再辛苦，也需要面对学业上的压力。毕竟，北京大学的文凭不是这么简单就能够拿到的。

其实，在成为北大一员的时候，雷声就已经获得过世界杯花剑比赛的冠军。但是，因为那个时候对花剑项目了解的人相对少些，雷声的这个冠军头衔甚至连他的室友都不知道。如果不是因为2012年的奥运冠军，他可能还会同别的北大人一样，是为学业努力着的一位普通学子。

因为奥运冠军的光环，雷声变成了学校的风云人物。在2012年的开学典礼上，他作为学生代表进行了发言，而这也为他之后的校园生活带来了不小的麻烦。因为师弟师妹们纷纷想要找他签名、合影，雷声原本平静的生活被打破了。

雷声在收获了鲜花和掌声之后，在经历了运动生涯的起起落落之后，也让他对自己的未来有了一个更清晰的规划。他非常清楚自己要做什么，他的日程表非常紧凑，他想要完成北大学业，然后还想继续考研，当然，他还想再参加一届奥运比赛，当然，他还得考虑退役之后的生活和工作问题，他根本没有时间去好好休息。但是，他也清楚地知道，只要自己不认输，脚下的路就会越来越清晰。

很多时候，我们也会在工作或者生活中碰到像雷声上北大之前那样的低潮期。此时，最好的方法就是停下来仔细想一想，看清楚脚下的路。只有选择变通，放下过去的成绩，才能让自己更清楚将来所要走的道路。如果一味低头走路，看不清未来的走向，只会让你付出更大的代价。

谁的青春不曾受挫，遇到挫折时不妨低下头，低下头不代表认输，而是为了更好地看清脚下的道路。

北大成功秘诀——人生规划

正确的人生规划非常重要，能够帮助你看清未来的发展方向。下面让我们看看北大人是如何规划自己的人生的吧。

第一步：确定方向。简单来说就是，你准备成为一个什么样的人，你的人生准备达成哪些目标。

第二步：调整心态。积极乐观的心态是成功者必备的心理素质，能帮助你应对生活中的各种困难。

第三步：理性反思。善于进行理性的自我反省，面对压力时可以自问“如果没做成又如何?”这并非找借口，而是一种有效疏解压力的方式。

第四步：管理情绪。不要把学习、工作中的压力带回家。每个人都会有压力，都会有负面情绪，我们应该善于管理自己的情绪，绝不能让负面情绪肆意泛滥。

第五步：时间管理。有效提高办事效率，做到事半功倍。在进行时间管理时，应权衡各种事情的优先顺序，对未来要有前瞻能力，如果总是在忙于救火，那么你的学习、工作和生活将永远处于被动。

第六步：积极沟通。平时应积极与人沟通，这有助于完善你的人际关系，并有效缓解压力。平时多与别人沟通，还能够更好地规划你的人生方向，有助于看清脚下的道路。

第七步，自我提升。不断充电，不断提升，才能使自己立于不败之地。现代社会竞争压力空前巨大，不进步就会被淘汰，通过自学、参加培训等途径，努力提高各种能力，当然，也要注意强度，不要搞垮身体。

【北大考考你】

一次，在北大的运动场上，体育老师问了学生一个问题：“完全没有踢过足球的人，可以当好足球教练吗？?”

学生们回答说：“当然不可以，根本就不是内行人，怎么可能领导足球队呢?”

体育老师笑了笑，说：“这种观念是对的，可惜在生活中外行领导内行的情况却屡见不鲜。”

在生活中，有许多人，对某个领域完全不了解，只是听到那个领域好，工作发展有前途，就立马投身那个领域。比如，很多穿着没有任何品位，或根本不在乎服饰的人，却跑去开服装店；对电子科技完全不熟悉的人跑去开电脑店。如果你对某个领域完全不熟，只是道听途说，觉得这个领域有很好的发展前景，不懂得反省自己的专业能力，就一头扎进这个领域的话，那后果，只怕会像不会踢足球的人当足球教练一样，惨遭失败。

仰头不是骄傲，而是为了看见自己的天空

要想壮志凌云，就须脚踏实地。

——北大人箴言

她叫田晓菲，年仅13岁已经是北大英语系的学生了。乍一听，很多人都觉得难以置信。但这件事确实是真的。田晓菲在20岁的时候，就获得了北大的学士学位以及内布拉斯加大学林肯分校的英国文学硕士学位，并且成为了哈佛大学博士学位的在读学生。作为哈佛大学办学以来最年轻的一位博士生，并且是一位女博士，田晓菲完全有资格高昂着头。

从北京大学到哈佛大学，田晓菲第一次仰头，就看到了一片更广阔的天空。在哈佛毕业后，这位优秀的北大人依然在自己的世界仰头“攀爬”。无论是刚开始哈佛毕业被柯盖德大学东亚系聘为助理教授，还是之后被哈佛大学破格晋升为教授，都是一次又一次的仰头“攀爬”。

田晓菲不是一个骄傲的人，在哈佛大学文学系毕业之后，她选择从客座助理教授做起。可是，出人意料的是，在田晓菲去康奈尔大学担任了助理教授一职之后，她选择了自降一级，接受了哈佛大学东亚语言与文明系的讲师之职。许多人对于田晓菲的选择都不太理解。但是，她却用之后的仰望，告诉了人们她这样选择的意义。

来到哈佛大学的田晓菲因为这样的一个选择，先是解决了夫妻两地分居的不利因素。然后，开始了她在哈佛大学大展拳脚的一系列攀爬。这其中最重要的，要属田晓菲分别被破格提升的两次经历。

第一次破格提升，让田晓菲从哈佛大学的讲师直接晋升为哈佛大学的副教授。2002年，田晓菲接受了哈佛的讲师一职，经过几年的努力，2005年，田晓菲得到了晋升机会，直接从讲师破格晋升为副教授。

第二次破格提升发生在2006年，田晓菲由副教授被破格晋升为哈佛大学

的终身教授。那一年她只有35岁，却成为了哈佛大学有史以来最年轻的一位正教授。

从13岁进入北大到35岁成为哈佛大学的终身教授，她用自己的步伐，一步步地去看清属于自己的天空。田晓菲的这些经历，也足以让她抬起头，骄傲地仰视天空了。

?很多时候，我们要学会低头，但有时我们也要学会仰头。抬起头并不是因为骄傲，而是想要更好地仰望天空。

无论生活中的你如今是低着头还是仰着头，都不重要，关键在于你是否找到了一片属于自己的天空，是否清楚未来的方向。相信自己，不断付出，终有一天，你也能够骄傲地仰望天空。

北大成功秘诀——厚积薄发

并非所有人都能含着金汤匙出生，只要我们能懂得厚积薄发的道理，懂得蓄力，懂得后发制人，一样能取得成功。未来需要靠自己打拼，只要不懈努力，任何人总有一天都能够骄傲地抬起头，仰望天空。

1.打好基础

就像盖楼房，没有一个好地基，再高的楼房都会有倒塌的危险。为了将来能出人头地，我们也应该清楚打好基础的重要性。

2.不争一时，懂得蓄力

不要刻意追求一时的成功，更要在乎未来的发展。在别人拼命贪图眼前利益的时候，我们要做的是悄悄蓄力，以便在关键时刻得到爆发。

3.后发制人

张爱玲说过：出名要趁早。但其实成功没有早晚之分，笑到最后的才是笑得最好的。因此，我们要懂得后发制人的道理，要在成功之前努力积蓄力量，等到条件成熟，再来一次大爆发，一举赶超前面的成功者。

【北大考考你】

还是那位北大体育老师，他接着问学生们："那么，假如一个善于踢足球的人当了教练，但他并不怎么出现在足球场，只重视战术研究，这样可行吗?”

学生们犹豫了，有的人觉得在比赛中，对战战术确实很重要，但是也有人觉得训练技巧更加重要。如果是你，你会怎么回答呢?

对于我们的人生而言，只有上了赛场才能充分展现能力。无论你是多有能耐的人，也别指望可以闭着眼睛去指挥比赛，取得胜利。就像生活中的一些人，他们自己没有时间打理，却拼命投资去开餐馆，开咖啡厅，开自己根本不懂得运营或者无暇顾及的店，只是一个劲儿地急着创业，把辛苦攒下的积蓄花掉，这样的做法让亏本的概率远远大于盈利。

所以说，我们要懂得审视自己，不要好高骛远，也不要妄自菲薄，你做不来某件事情，不一定代表你没有能力，有可能只是这件事不适合你罢了。要明白，了解自己比冲动跟风重要得多。

第七章
挺住，意味着一切

青春总有迷茫时，青春也有坎坷路

你觉得孤独就对了，那是让你认识自己的机会；你觉得不被理解就对了，那是让你认清朋友的机会；你觉得黑暗就对了，那是让你发现光芒的机会；你觉得无助就对了，那是让你遇见贵人的机会；你觉得迷茫就对了，谁的青春不迷茫。

——北大人箴言

在勇敢追逐梦想的青春之路上，你觉得迷茫就对了，因为很少有人能够如此清醒；在通往北大的过程中，你觉得疲惫就对了，因为从来没有人能够轻轻松松上北大。

多少个拼搏的夜里，很多学生在课桌上睡着了，他们没能坚持下来，这不怪他们，毕竟已经是凌晨，又有几个人能够坚持住呢？

然而，你会发现，在向北大冲刺的路上，也有一些人挺住了，凌晨四点半的书房依然灯火通明，他们才有资格进入北大。

北京大学的前身，又叫“京师大学堂”，经过长时间的发展，逐步成为中国乃至世界的一流学府。北大教授作为北京大学最具代表性的精神力量，发挥着重要的作用，让我们翻开历史，回顾曾经的北大教授，也是中国现代历史学家、国学大师钱穆先生的一生。

1895年7月，钱穆先生出生在一个并不富裕的家庭，通过奋斗，他成为了“中央研究院”院士，“故宫博物院”特聘研究员。

在江苏一个叫七房桥的地方，有一个叫作“怀海义庄”的民间慈善机构，钱穆先生在12岁丧父之后便来到了这里，正是因为怀海义庄的帮助，才让他有机会继续上学，并最终成为一代大师。

谁的青春不曾迷茫，哪一位成功者未曾经历坎坷的青春之路。面对家境的窘困，钱穆先生也一度迷失，甚至想要放弃学业。如果放弃求学，出去工作，就可以赚钱补贴家用，减轻母亲的负担。但是，父亲的遗愿却永远无法实现了。

看到迷茫无措的孩子，母亲给予了他巨大的支持，为了遵循先夫遗志，为钱家保留读书的种子，母亲克服种种艰辛，独挑生活重担，给孩子们提供继续读书的机会。

皇天不负苦心人，在长期不懈的努力下，钱穆先生终于取得了非常了不起的成就。

我们不可避免地会经历挫折与迷茫，只有历经坎坷而不放弃的人，才有可能迎来属于自己的成功。钱穆先生不忘先父遗志，努力读书，让青春的迷茫烟消云散，从而赢得了之后无比精彩的人生。

钱穆先生一生用1700多万字的史学和文化学著作，作为自己青春的献礼。这也是他留给后人的一笔宝贵财富，在国内外学术界都有着很大的影响，颇受关注。后来，他被中国学术界尊称为“一代宗师”，更有“中国最后一位士大夫”“国学宗师”等称号。

谁都不知道人生下一步会发生什么，就像一盒巧克力，没吃进去以前，谁也不知道什么口味。青春是人生中一段最美的旅程，然而除了美好，也会有艰难的时刻。面对困境，我们都曾感到迷茫。但是，当你回首往事时，正是这段难忘的岁月构成了完满的人生。

从现在开始，为自己的青春岁月努力奋斗吧！每一段青春无悔的岁月，都是给予未来最好的献礼！

北大成功秘诀——青春献诗

谁的青春不迷茫，挺住，意味着一切。当你走过所有艰难，就会初见岁月的美好。下面是北大人非常欣赏的德国诗人塞缪尔·厄尔曼的一首名为《青春》的诗作，献给你，也献给所有为梦想努力拼搏的人们——

《青春》——塞缪尔·厄尔曼

青春不是年华，而是心境；青春不是桃面、丹唇、柔膝，而是深沉的意志，恢宏的想象，炙热的恋情；青春是生命的深泉在涌流。

青春气贯长虹，勇锐盖过怯弱，进取压倒苟安。如此锐气，二十后生而有之，六旬男子则更多见。年岁有加，并非垂老，理想丢弃，方堕暮年。?

岁月悠悠，衰微只及肌肤；热忱抛却，颓废必致灵魂。忧烦，惶恐，丧失自信，定使心灵扭曲，意气如灰。

无论年届花甲，拟或二八芳龄，心中皆有生命之欢乐，奇迹之诱惑，孩童般天真久盛不?衰。人人心中皆有一台天线，只要你从天上人间接受美好、希望、欢乐、勇气和力量的信号，你就青春永驻，风华常存。

一旦天线下降，锐气便被冰雪覆盖，玩世不恭、自暴自弃油然而生，即使年方二十，实已垂垂老矣；然则只要树起天线，捕捉乐观信号，你就有望在八十高龄告别尘寰时仍觉年轻。

【北大考考你】

北大教授在课堂上跟学生们分享一个有趣的对话：

母亲对女儿说：“我想给你找个好丈夫。”

女儿说：“可我愿意自己找！”

母亲说：“但这个男孩是摩根的儿子！”

女儿说：“要是这样，可以。”

然后他母亲找到摩根说：“我给你儿子找了一个老婆。”

摩根说：“不行，我儿子还小呢！”

母亲说：“可是这个女孩是世界银行的副总裁！”

摩根说：“这样的话，行！”

最后，母亲找到了世界银行的总裁说：“我给你推荐一个副总裁！”

总裁说：“我有太多副总裁，多余了！”

母亲说：“可是这个女孩是摩根的儿媳妇！”

总裁说：“这样呀，行！”

教授说罢，问北大学子，这个故事说明了什么？

你觉得呢?

其实，这个故事是让我们明白切换角度的重要性。很多时候，你觉得生活已经是这样了，无法改变；殊不知，换个角度，换个说法，它就会变得很不一样。因此，在我们觉得难受，觉得困苦的时候，不要觉得你的生命将永远这样了，只要从另一个角度去做，你就有可能获得意想不到的成功。

不要为了昨天的过错惩罚自己

你成长中所有遇到的问题，都是为你量身定做的。解决了，你就成为你这类人当中的幸存者。不解决，你永远不知道自己可能成为谁。

——北大人箴言

人非圣贤，孰能无过，尤其是年幼无知的青少年。犯错不可怕，可怕的是陷入自责情绪，无法自拔。面对错误，要看开一些，这些都是成长过程中不可避免的，不为昨天的过错惩罚自己，这才是一种豁达的态度。

学习过程中，出现失误在所难免，无论你之前的成绩多么优秀，都有可能犯错。不要因为考试失误而沮丧，否则还会对今后的学习、考试造成影响。此刻你需要做的是尽快走出失败的阴影，用更加努力的学习来弥补之前的失误。

北京大学招收的学生中，许多都是各省的高考状元，如今已经成为央视一员的高嘉晗就是其中的佼佼者。作为北大毕业生，高嘉晗也曾犯过错误，但她并没有因为昨天的过错而惩罚自己。

当年，高嘉晗以优异的成绩考入了北大。有着开朗性格的她，被同学们称为“开心果”。

作为北京大学新闻与传播学院的大一新生，高嘉晗就获得了第四届主持人大赛的“十佳主持人”殊荣，同时还赢得了“最具风采奖”。

然而，高嘉晗的成长之路并非一帆风顺，时间回溯到中学时代，信心满满的她在中考时出现了严重的失误。

初中三年，高嘉晗的学习成绩一直不错，没想到在迎接人生第一次大考时却因过于紧张发挥失常，让她失去了进入南充高中“火箭班”（也就是我们常常所说的尖子班）的机会，这次打击曾让高嘉晗陷入低谷。此后，高嘉晗陷入了自责中，她觉得因为自己的过错，失去了许多优质的教学资源。

时间会带走一切伤痛，过去的就让它过去吧。随着高嘉晗心态的逐渐平和，她接受了这样的现实，并发誓不再犯同样的错误，以更加努力地学习面对昨日的失误。高中三年，高嘉晗的成绩一直保持在年级前十名，对她来说，拼命努力就是对自己之前犯下的错误的惩罚。

不为昨天的过错惩罚自己，也不能给明天留下遗憾。经历过中考失利的高嘉晗，绝不能再犯同样的错误。在高考时，她以631分的总成绩成为了南充文科冠军，考入了北京大学！

人的一辈子都会犯错误，因此不必为昨天的过错而惩罚自己，你需要做的是认真过好当下，并准备好迎接未来的挑战。

有时候，与其沉寂在过去的失利之中，不如振作精神，用今天的努力弥补昨日的过错。请记住，我们都会犯错，即便是优秀的北大人，只是他们懂得——绝不为昨天的过错惩罚自己。

北大成功秘诀——绝不为昨天的过错悔恨

昨天已成为过去，哭泣毫无意义。北大人很清楚这一点，唯有摒弃昨天的伤痛，把握今天，拿出生活的勇气，梦想才能得以延续。沉浸在昨日的悲伤之中，不仅会对自己造成伤害，也会伤害身边关心你的人。忘掉伤痛，重新上路，相信明天会更好。

这是一个北大校园流传已久的故事：

一位从业多年且成绩显赫的心理学家，在即将退休时写下了他这辈子认为的最重要的四个字——“要是”和“下次”。

头两个字是“要是”。他说：“在我治疗的病人中，很多人把时间都花在了缅怀既往上，后悔当初该做而没有做的事，‘要是我在那次考试前准备得再充分一些……’‘要是我当初选择了……’”

心理学家认为，在懊悔中度日无异于精神自杀。为此，他给出了解决方法：在你的字典里抹掉“要是”二字，关注“下次”二字即可。应该这样对自己说：“下次如有机会，我要……”

不要为昨天的过错惩罚自己，当你犯错后要告诉自己：“下次我不会再做错。”这样做能使你摒除懊悔，把时间和心思用于现在和将来。

没必要为昨天的过错而惩罚自己，人总会犯错，即便是出色的北大人也不例外。因为勇于尝试，他们甚至会比普通人犯更多的错误。如果他们总是为昨天懊悔和自责，怎么能将更多的精力投入到学习中呢？

懊恼就像一剂慢性毒药，会无休止地磨灭我们的意志，不知不觉地消耗我们的快乐。其实，人的成长是一个不断尝试、经历磨难和失误的过程，只有经历了磨难，才能变得更聪明、更坚强。

【北大考考你】

一只猴子整天无所事事地坐在树上，一只小兔子看见便说：“你真幸福啊，不用像我一样在地上躲躲藏藏，直接坐在树上，随便伸手摘个果子就能充饥。我也很想像你一样，每天坐着，不用奔走。”

猴子听后说：“你也可以每天干坐着什么都不干啊，真的挺舒服的。”

如果你是兔子，你会怎么选择？是选择和猴子一样舒服地过日子，还是继续到处躲躲藏藏？

故事中的兔子选择了前者，舒服地坐在树下，懒洋洋地享受阳光。这时，一只狐狸出现了，它“扑通”一声把兔子扑倒在地，轻而易举地收获了美食。

兔子的选择告诉我们，如果你想要安逸，必须坐得高高的，必须具备超凡的能力。否则，就必须脚踏实地地生活和工作。

适当的放弃，是人生优雅的转身

人生本就是一种承受。当爱你的人弃你而去，任你呼天抢地亦无济于事，生活本是聚散无常；当背后有人飞短流长，任你舌如莲花亦百口莫辩，世道本是起伏跌宕。得志时，好事如潮涨，失意后，皆似花落去。不要把自己看得太重，委屈了、无奈了、想哭了，这些都是你生命中不可或缺的一部分。

——北大人箴言

有时候无论我们多么努力，也无法解开一道没有思路的数学题。在没有任何人帮助的情况下，继续思考是徒劳的，可却又心有不甘。该怎么办呢？不妨暂时放下这道题，或者是放下数学这门学科，拿起英语书，换一个方向，学习效果就会大不一样。

在学习过程中，适当的放弃是很有必要的。人生也是如此，适当放弃，就像是一次优雅而华丽的转身，意想不到的结果在等着你。

人生要面对许多风雨，竞争无处不在。我们不可能赢得一切，有时候，适当放弃可以让人生不再被束缚，这无异于一种优雅的转身。

前体操运动员、奥运冠军刘璇，在体育方面取得了卓越的成绩。当巅峰状态已过，刘璇同样面临着选择，是继续坚持，还是完成一次优雅的转身。

作为一名运动员，随着年龄的增长，不得不考虑退役之后的问题，1979年出生的刘璇也一样。2001年，湘妹子刘璇在湖南宣布退役，在继续做运动员与退役之间，刘璇选择了放弃职业生涯，她要开始一段崭新的人生旅途。

放弃心爱的事业并不容易，而刘璇在适当的时机做出了放弃，开始了新的人生，她选择到北京大学读书，当一名新闻与传播学院的学生。经过四年的学习，刘璇获得了新闻系学士学位。

在必要的时刻，刘璇做出了适当的放弃，而这是为了完成人生优雅的转身。通过在北大四年的学习，让她积累了足够的资本继续自己的事业。

从北大毕业之后，刘璇开始了新的生活，并且将事业的重心转向演艺圈。

此外，刘璇还积极投身到慈善事业当中，她担任多种社会角色，包括“远南”运动会宣传慈善大使、中华健康快车北京—西藏光明行光明大使、第五届全国城市运动会形象大使等。

当然，在开拓新的事业与领域的同时，刘璇也没有放弃心爱的体育事业，虽然已经不再继续参加体育比赛，但她经常接一些与体育有关的节目。在2008年的时候，她还作为国际体操裁判工作过。从体育到演艺，从运动员到学生到演员、主持人、歌手……刘璇实现了人生优雅的转身。

放弃是需要勇气的，很多时候，放弃已有的成就并非是件容易的事。然而，适时的放弃是为了更好的发展。如果你明白，现在的放弃是为了今后更有价值地活着，那么你一定不会为自己的选择后悔。

有时候，放弃并不一定意味着失去，反而能够让自己获得更大的发展空间。就像刘璇虽然放弃了已经拥有的，可是她并没有失去，反而是在之后拥有了更多的发展机会。

北大成功秘诀——选择与放弃

选择与放弃，看上去是很简单的事，真轮到自己抉择的时候，就很难轻易做出决定了。即便是北大人也会感到为难，因此他们在长期的学习中总结出了两点方法：

1.选择强项，放弃弱项

在北大人看来，偏科现象是真实存在的，然而在尽可能弥补差距的同时，也应学会选择与放弃。如果考试将至，时间有限，不如把精力更多地放在强项上，适时放弃弱项，这样能够更好地提高效率。

2.选择喜欢的专业，放弃厌恶的专业

这一点不难理解，兴趣决定了你在某一项工作中是否能做得持久，做得优秀。在报考大学专业时也该如此，选择自己感兴趣的，否则很可能白白浪费四年的时光。

【北大考考你】

有一天，困惑的小蜗牛问妈妈："我们为什么一出生就要背着这么厚重的壳呀？我觉得很累哦！"蜗牛妈妈笑了笑，跟小蜗牛说："因为我们没有骨头，爬得又慢，如果没有这个壳保护我们，会很危险的哦！"

小蜗牛听了妈妈的解释就更加困惑了，继续问道："可是，毛虫姐姐也没有骨头啊，她爬得也很慢，为什么她就不用背个壳呢？"妈妈接着说："因为毛虫长大了能变成蝴蝶呀，她能飞上天空，得到天空的保护。"

小蜗牛还是不明白，他继续追问妈妈："可是蚯蚓也没骨头，他爬得比我慢多了，也不会变成蝴蝶，那他为什么不背这个厚重的壳呢？"

妈妈继续解释说："因为蚯蚓能翻土，能钻到地里，土地会成为他的藏身之所，大地会保护他。"

小蜗牛听了更加不高兴了，他说："妈妈啊，我们很可怜，得不到天空的保护，也得不到土地的保护。"

蜗牛妈妈说："是的，孩子，所以我们要靠自己。"

现在，思考题来了，如果是你，你会选择当蝴蝶、蚯蚓还是蜗牛呢？

其实，很多时候，我们总是指望环境为我们造就"天时"与"地利"，指望人脉帮我们搭建"人和"，但其实，在更多的时候我们能依靠的只有自己，并且必须要靠自己。只有这样，我们才能在遇到挫折时笑对，遇到困难时坚持，最后闯出自己的一片天地。

只要还活着，你就没有理由逃避

人活一天，就是有福气，就应该珍惜。人生短短几十年，不要给自己留下太多的遗憾。日出东海落西山，愁也是一天，喜也是一天；遇事不钻牛角尖，人也舒坦，心也舒坦。

——北大人箴言

永远不要给自己逃避的理由，否则你会找到一堆借口，永远逃下去。生活有着酸、甜、苦、辣、咸等各种滋味，也会遇到各种难题，唯有勇敢面对才是唯一正确的选择。逃避不能解决任何问题，你也许能逃开一时，却无法逃开一世。

对于我国著名科学家、“两弹一星”元勋邓稼先，相信大家都有所耳闻，尤其是他为国防事业所做的努力，足以让每一个中国人以他为荣。邓稼先用生命践行着保家卫国的责任，同时也体现了一个中国人的铮铮铁骨。

邓稼先先生是中国核武器研制工作的开拓者和奠基者。1950年，他结束了在美国的留学生活后，面对美国方面的挽留，毅然回国。回国后，他同其他学者和技术人员一起，设计了中国自己的原子弹和氢弹，而他本人则是设计方面的领导者。

如果问起谁是世界上最有钱的人，人们可能会想到比尔·盖茨。但要问谁是世界上最不怕死的人，邓稼先一定是其中一位。事情还得从“两弹一星”这一国防工程说起，在工程进行的过程中，邓稼先体现出了大无畏的精神，他勇敢面对问题，没有丝毫退缩。

在一次原子弹试验过程中，航投试验的降落伞出了问题，使得降落伞承载的原子弹掉到地上摔裂了。长期从事核试验研究的邓稼先自然知道这其中所蕴藏的危险，但是为了能够掌握更多信息，他不顾个人安危，抢先捡起原子弹碎片进行观察。要知道，邓稼先这样做，等于让自己暴露在了核辐射之下。但是他不顾自己的身体，继续在基地工作。

问题出来了，如果大家都选择逃避，那么谁去解决呢？邓稼先的责任心从这件事上就可以看出。面对问题，他不逃避，而是勇于承担。

后来，邓稼先先生回到了北京。邓夫人是一位医学方面的教授，所以硬拉着丈夫去医院进行检查。这个时候，放射性物质已经侵入了邓稼先的骨髓，并且造成了肝脏破损，同时邓先生在做尿液检查时，也发现了放射性物质。医院给出的检查结果等于宣判了邓稼先的死刑，但他并没有屈服，而是选择继续战斗在核试验基地。

即使在身体较为虚弱的那段时间，他依然想着参加会议、技术攻坚等问题。在医院通知他必须住院的情况下，他仍然带病坚持工作。

在生命即将走到尽头的时刻，邓稼先依然不忘叮嘱“不要让人家把我们落得太远……”一心记挂着国防科技事业。

邓稼先由于受到核辐射，身患直肠癌，于1986年7月29日在北京逝世，终年62岁。这位伟人虽然已经离世，但他的精神却永远留存下来。

只要你还活着，就没有理由逃避。未来是充满希望的，眼下的困难只是暂时的。永远不要去逃避，如果你幸运地逃开了一时，那么很可能在将来会遇见同样的问题。逃避不是解决问题的方法，唯有认真面对生活，去解决我们在学习、工作和生活中所遇到的一切难题，我们才能获得更美好的明天。

北大成功秘诀——绕着困难走的人也绕开了成功

有些时候，困难总是被人为地放大，甚至在我们没有行动之前，就会有很多人告诉我们这件事是多么困难，一定办不到……结果，我们就在无形中养成了逃避困难的习惯。而北大人很清楚，绕着困难走，也会绕开成功。所以面对困难时，他们总是选择迎难而上。下面是北大人最喜欢的一则励志故事，因为从中可以发现成功的秘密——

当年，一个名叫琼斯的小子大学毕业之后如愿加入了美国新泽西《明星报》，成为了一名记者。有一次，他接到了一项重要任务——采访美国联邦最高法院历史上首位犹太裔大法官路易斯·D.·布兰代斯。

初出茅庐的琼斯被吓了一大跳，他知道这是一次难得的机会，可是自己却是一名刚刚出道的小记者。大法官怎么可能会接受小人物的采访呢?

同事史蒂芬了解到他的苦恼后，鼓励他勇敢一点，只要跨出第一步，后面的事情就会简单了。

见琼斯依然思前想后，史蒂芬索性直接拨通了大法官办公室的电话，并对大法官的秘书说："你好，我是《明星报》新闻部记者琼斯，我希望采访一下大法官，不知他今天能否接见我呢?"站在一旁的琼斯被吓了一跳。

没想到，如此直截了当的方法竟然成功了，秘书告诉他大法官明天下午有空，可以接待他。

琼斯一时间欣喜若狂，但冷静下来之后他发现，原来事情并没有想象中困难。第二天他顺利完成了采访。

多年以后，琼斯成了《明星报》的台柱记者。他认为，凡事迈出了第一步，第一次克服了心中的恐惧，那么后面的路就容易多了。

绕着困难走的人，也绕开了成功。试想，如果琼斯没有抓住这个机会，就会被别人取代，那么他的职业前景可能就不会像现在这样坦荡。

生命是一种责任，只要我们还活着，就要面对问题，因此绝不能逃避，因为问题是永远存在的。正确的做法是，当问题来临时，勇于承担，寻找解决方法，而不是只想着逃。

【北大考考你】

一次春游中，北大教授见几个学生站在景点前观赏，其中一个同学当着其他同学的面随地扔垃圾，教授便走过去和这几个同学聊天。

教授问几个学生一个问题："如果你发现你的好朋友犯法了，你会怎么做?

要么，你劝这个犯法的好朋友去自首。

或者，你会自己去报警，告诉警方你的好朋友犯了什么法。

抑或，你会替你的好朋友隐瞒?"

学生们面面相觑，教授出这个问题是一是他对于学生随地扔垃圾和其他学生视而不见的坏习惯的暗示性教育，同时也是想考考学生的责任感。

选择劝朋友自首的人，大部分情况下是一个有责任感的人，待人待己都一样，但是也未免感性，有时候基于自身感情，很可能会逃避责任。

选择亲自报警的人，是最有责任感的，对待自己和对待别人一样，他们会相当诚实，为人处世谨慎，不会给自己逃避的借口。

选择替朋友隐瞒实情的人，责任感相对比较弱，很容易给别人、给自己逃避的理由。在生活中容易因为这些不负责任的情绪而影响发展。

生活不是等待风暴过去，而是学会在风雨中翩翩起舞

如果你心中有阳光，就不会恐惧前方的坎坷；如果你心中有勇气，就不会畏缩不前；无论前方风多大，雨多大，闯过去就是一片海阔天空！

——北大人箴言

遇到暴风雨，大部分人都会选择躲避，但也会有一些人选择在风雨中翩跹起舞。

“非典”一词让无数中国人心有余悸，它无情地带走了很多人的生命。但因此，我们也认识了很多非典斗士，其中一位就是一直致力于对抗“SARS”病毒的钟南山院士。

说起钟南山院士，他与北京大学有着千丝万缕的联系，今天的北京大学医学部，即原来的北京医学院，是钟院士曾经读书并且留校任教的地方。如今，钟南山院士担任北京大学医学部呼吸内科博士生的导师。

面对“SARS”病毒，钟南山院士体现出了大无畏的精神，他毫不畏惧，处于风暴中心却能翩翩起舞。

2003年的非典病毒，就像风暴一样突然而至。在人们毫无心理准备的情况下，将很多人击倒，并让大家陷入了极大的恐慌之中。

作为一名呼吸病学方面的专家，钟南山院士临危受命，被推到了抗击非典的第一线。钟南山院士所在的广州医学院第一附属医院成了他的“战场”，一场同疫情的“战争”就这样开始了。

面对非典灾难就如同面对一场突如其来的暴风雨，钟南山院士没有躲避，而是选择在风雨中翩翩起舞。这是一场抗击非典的“舞蹈”，钟南山院士首先需要解决的是病毒致病原因，同时还需要对整个病情有一个全面的认识，这

样才能找到预防与治疗方法。可是，这是从来没有出现过的病毒，破解起来谈何容易。

如果不抓紧时间，病毒只会带走更多人的生命，它绝不会自行消失。钟南山院士与医院的同事们争分夺秒，努力控制病毒的蔓延。

在严峻的形势面前，钟南山院士以身作则，奔赴在治病、救人、找治愈方法的第一线。他说："医院是战场，作为战士，我们不冲上去谁冲上去?"

钟南山的魄力、勇气与责任在此刻体现得淋漓尽致。他用北大人的精神，感染着身边每一位同事。

生活不是等待风暴过去，而是学会在风雨中翩翩起舞。钟南山院士凭借超人的勇气与毅力，带领同事们昼夜奋战在第一线，终于研制出了对抗方法。

当暴风雨来临时，态度决定了人生的高度，有些人在风雨中哭泣，而有些人却选择迎着风雨舞蹈。

北大成功秘诀——没有不带伤的航船

英国劳埃德保险公司曾经竞拍到一艘船，这艘船1894年第一次航行，其间在大西洋上曾138次遭遇冰山，116次触礁，13次起火，207次被风暴扭断桅杆，然而它从没有沉没过。现在，这艘船就停泊在英国萨伦港的国家船舶博物馆里。

最初，世人并不知道这艘船的历史，是一位带着负罪感的律师让它一夜成名。当时，那位律师输了官司，他的委托人自杀了，尽管这不是他第一次失败辩护，也不是他第一次遇到委托人自杀的情况，然而他的心情依然非常低落。

他带着糟糕的心情出来散心，希望得到缓解。当他在萨伦船舶博物馆看到这艘船时，感慨不已，忽然有了一种念头，为什么不让更多的人前来参观这艘船呢？它的历史足以带给人们震撼与希望。于是，他就把这艘船的历史抄下来，和这艘船的照片一起挂在了他的律师事务所里。每当委托人请他辩护，无论输赢，他都建议他们去看看这艘船。

据英国《泰晤士报》报道，截至1987年，已有1230万人次参观过这艘船，仅参观者的留言就写满了170多本。

这艘船的历史告诉人们一个道理——在大海上航行的船没有不带伤的。同样，生活也不会总是一帆风顺，当暴风雨来袭时，成功者总是勇敢地面对，他们敢于在风雨中舞蹈，而不是躲在家里。

生活是艰辛的，挫折不可避免，如果你只想逃避，只想活得轻松一点，那么成功将永远与你无缘。安逸的生活永远都不是北大人所追求的，他们渴望暴风雨来得更猛烈一些，因为这是一种挑战，在这个过程中，他们会学到更多。

【北大考考你】

一天，北大教授在课堂上跟学生们讲了一个小故事："一个小镇上有一口很有名的泉，据传闻这是个许愿池，对着这个池许愿，你的愿望能够成真。"

一个因为战争失去左腿的士兵来到这个许愿池，虔诚地许愿。就在这个时候，一位母亲带着孩子来到池边，看到没了一条腿的退役军人在许愿。小孩子天真地问妈妈："妈妈，这个人太可怜了，少了一条腿，他一定是在祈求上帝再给他一条腿吧？"

这时候，退伍军人听到小孩的话，笑了笑。

北大教授问学生们："你们觉得退役军人求的是什么？"

其实，退役军人求的不是上天再给他一条腿，而是在感恩战争只夺去了他一条腿。他到许愿池是来感恩的，同时也是希望得到上天的指引，告诉他一条腿的人生该如何重新开始。

很多时候，我们会盯着自己失去的东西，觉得惋惜，觉得自己吃亏。其实，越是失去，我们越要懂得感恩，感恩上天给我们留下的东西，并且要学会善于利用自己所拥有的。

一味埋怨过去，只会让你深陷痛苦中难以自拔，懂得感恩则可以让你心存希望。

第八章
千万次摇摆，终于长大成人

失去是一种经历

经过沧桑，方晓生命最珍贵；看淡得失，才知苦痛皆在身外。

——北大人箴言

随着年龄的增长，青少年能够逐步理解失去的意义，有些孩子能够接受，有些孩子始终无法适应。其实，面对失去，我们应该保持一颗平常心，因为它只是一段人生经历而已。

失去固然令人惋惜，但过程却是你自己经历的，其中的辛酸苦辣只有你最清楚，而在这段时间里你所学到的知识没人能带走，它们将会成为你一生的财富。

王强毕业于北京大学，是新东方“铁三角”中的一员，他出生于内蒙古，算是一位地地道道的蒙古汉子。有着北京大学英国语言文学系学士学位，以及北京大学英语系助教、讲师经历的他，在英语方面有着丰富的知识和相关研究经验。

在当了一段时间老师后，王强的职业生涯出现了转折。他放弃了北大老师的职位，放弃了英语事业，选择了自费去美国留学，转行攻读计算机专业。

放弃一份稳定而又令人羡慕的工作，在许多人看来很可惜，甚至不能理解。作为北大的老师，为人师表，教书育人，是一份许多人梦寐以求的工作，而王强却选择了一个全新的领域重新出发。

这需要多么大的勇气啊。但是，正是在这样的压力下，顶着外人无法想象的压力，王强朝着自己的目标努力。1993年，王强从美国纽约州立大学计算机科学硕士专业毕业了，并且获得了软件工程师的职位。

后来，王强在美国的“贝尔传讯研究所”进行计算机领域的研究工作，并且获得了该研究所的部门成就奖。故事写到这里还远没有结束，1995年，他同其他两位新东方的伙伴一样，也选择了回到国内创业。就这样，王强再一次放弃了计算机专业领域取得的成绩，再一次选择重新开始，和小伙伴徐小平一起做了“天使投资人”，投入了从未涉及过的投资理财领域。

无所谓失去，只是经过而已。

在北大，有着像王强类似经历的人远不止他一个，体现出一种独特的人生观，这就是北大人永不停歇的精神。他们很清楚：“无所谓失去，一切的过程都终将幻化为经历，经过历练的自己必将有着脱胎换骨的改变”。

人生中，当我们不得不失去一些东西的时候，尤其是某些既得利益时，需要做出艰难的选择，我们可以守住目前已经拥有的利益，也可以选择勇敢向前，开拓全新的领域。对于北大人来说，他们永远会毫不犹豫地选择后者，因为他们已经可以很好地面对失去。他们很清楚，这不过是人生的又一次经历而已，因为这些经历，才让人生更加完满。

对于青少年来说，同样需要经历许多选择，比如上学的时候选择专业，毕业之后选择工作，生活中选择朋友、知己等等。有选择就会有失去，一定要明白你不可能拥有想要的一切。所以，当我们面对生活中不得不放弃的一些东西的时候，千万不要犹豫，你要相信，更美好的未来就在不远处。

无所谓失去，只是经过而已；无所谓失败，都当经验累积。当你学着用一颗淡泊的心去看这个世界，去看待你的人生的时候，你将会明白，一切的得与失、隐与显，都是风景和浮云！毕竟每一个明天，都是经过今天之后才开始的！

北大成功秘诀——成熟比成功更重要

人生最宝贵的是什么？财富？地位？别墅？豪车？……如果你问北大人，他们会告诉你一个简单的答案——人生经历！

你所经历的一切才是生命中最宝贵的，它叫作成熟。在北大人眼中，成熟比成功更重要，然而很多人不明白这样的道理，经常表现出不成熟的一面。下面是北大学子总结的人不成熟的七大特征，如果你也是这样的人，有必要立刻进行改进了。

1.付出就要回报的心态

对于任何一丁点的付出，总想立刻收到回报的人，总是渴望一夜暴富，实际上这是一种典型的穷人心态。

很多北大学子的家庭条件都很一般，甚至有些学生的家境贫寒，要靠救济金生活。然而他们却从没有想着立刻收到回报，因为他们明白厚积薄发的道理，很清楚付出就要回报是典型的穷人心态。

这些北大学子人穷志不短，他们的目标绝不是小富即安，他们有着伟大的使命，他们梦想着改变世界。因此他们一直在人生路上不断去经历，丰富自己的阅历，无所谓这个过程中失去多少，只要经历过，他们就会感到满足。

2.不愿改变守旧的思维方式

世界都变了，如果你的想法还停留在过去，怎么跟得上新时代的节奏？一个人的思考方式决定了其行为方式，从而决定了成功与否。

如果你目前还是一事无成，说明你的思维方式比较守旧、落后，必须及时做出改变；要不然，你怎么迟迟没能成功呢？

北大人绝对是一群与时俱进的人，尤其是他们紧跟时代节奏的思维，每当有新鲜事物涌现时，你绝对会在其中发现他们的身影。这是他们的成功秘诀，现在也要告诉渴望成功的你：改变守旧的思维方式，眼中的世界将会呈现另一番景象。

3.不爱学习、拒绝改变

唯有不断学习才能适应现代社会的需求，寻求改变才能创新，而只有创新才会赢来更多机会。21世纪，知识是第一生产力。因此，要想成功，就必须学习。在学习的基础上，不断根据需求进行调整、改变，你的未来一定精彩可期。

北大成功公式：学习+改变=成功。

4.爱八卦，好是非

这是典型的幼稚心理，这种人多半是闲人，很难与北大人扯上关系。只有无所事事之徒，才会以谈论他人是非的方式打发时间。北大人根本没这个闲工夫，因为他们将所有精力都用在了学习上。

试想，在连别人睡觉的时间里，他们都在学习，怎么会有精力去论人是非呢？因此，建议有此爱好的人，如果还想完成自己的目标，就尽快改掉这种不成熟的习惯吧。

5.行为消极的抱怨鬼

偶尔的抱怨可以舒缓心情，但整日抱怨则会暴露出你内心的消极。请记住，成功者绝不抱怨，抱怨者永不成功！

你有没有见过北大人抱怨题目太难？你一定没有见过，因为他们只会嫌答案过于简单！抱怨是一种病，更是心态不成熟的表现，不要让抱怨成为习惯，因为它真的很可怕！

6.被情绪牵着鼻子走

控制情绪是成功者的基本素养，这是北大人都很清楚的，但并不是每个人都能很好地控制情绪，一些人容易受情绪支配，做出一些事后令自己尴尬的事，这都是不成熟的表现。

想培养成功者的素养，就要像北大人学习，不要被情绪牵着鼻子走。

7.认为直觉永远是对的

可以说，北大人是世界上最理性的一群人，因为他们很少靠直觉做出判断，凡事都讲究事实与依据。而总有那么一群人，以为自己的直觉总是对的，完全忽视客观事实，从而做出荒唐至极的判断，这是非常不成熟的表现。

【北大考考你】

一个人在高速行驶的火车上，因为靠着窗户擦鞋，一个不小心把一只鞋子掉出窗外了。因为皮鞋是新买的，见那个人把鞋子掉了，大家都觉得很惋惜。不过，这个人的反应很快，做出了一个很惊人的决定。

你觉得他的决定是什么？

其实，那个人的瞬间反应是马上将另一只鞋也扔出窗外，为什么？

因为他明白，失去了一只鞋子，另一只无法匹配，不如将另一只也扔出去，那么第一只鞋子和第二只鞋子所掉落的地方不会差太远，路过的有需要的人能够将两只鞋子都捡起来，配成一双，这样，这双鞋子就仍有存在的意义。

告别昨天失败的自己

人没有刺激就没有进步。身处逆境，走投无路时，智慧尤为宝贵。发明创造往往会在这时问世。

——北大人箴言

北京大学可以说是全中国的学子梦寐以求的大学，为了能够进入北大学习，“复读”的现象屡见不鲜。北京大学哲学系2005级的裴理就是一个幸运的人，她失败过，却没有放弃，并且最终通过复读进入了梦想中的学府。

2004年，面对高考的失利，裴理果断勇敢地选择了继续复读。期待下一年能够有一个好的高考成绩，进而考入一所理想的大学。其实谁都知道，面对无法预知的复读，加上巨大的高考压力，结果很难预料。

然而裴理决意已定，她要用更加刻苦的学习忘掉昨日失败的经历。她需要时间走出失利的阴影，参加复读的学生和老师都不是之前所熟悉的人，压力小了很多，这也帮助裴理调整好心态，做好了重新开始的准备。

经过了一段时间的准备之后，裴理依然在志愿栏里填下了“北大”，并且选择了哲学作为自己今后的专业。压力可想而知，越临近高考日，压力越大，裴理甚至为此失眠了。

想要在之前失败的地方重新站起来，难度可想而知。裴理很清楚，这是一次艰难的选择，也将是一项艰巨的任务。裴理虽然已经调整好心态，但是也经常会被昨日失败的记忆困扰，为了克服这一点，她有意识地加强心理训练，这也对后面的考试起到了一定的帮助。

到了6月8日那一天，在铃声响起的那一刻，裴理终于能够坦然面对，她信心满满地走进考场，满怀期待地走出来，她意识到，人生中新的一页即将翻开。

历史没有重演，裴理的努力没有白费，这一次她成功了，以优异的成绩考入北京大学，成了梦寐以求的“北大人”！

在北大，像裴理这样通过复读进来的学生不止一个。他们都是一群勇敢的学生，敢于面对失败的自己。他们很清楚，只要不断努力，就不会一直失败下去。

如果你有面对失败的勇气，如果你有勇气重新来过，那么结果是可以改变的。最终，失败也将变为成功。

裴理曾在媒体前透露，当她想要重新来过的时候，心里也会有犹豫和扎挣。一方面，她知道复读可能是一次重新证明自己的机会，但另一方面可能陷入再一次失败的境地。然而，她最终选择了前者，因为不想被昨日失败的自己折磨，也因为心中的北大梦更加强烈。

北大成功秘诀——成败之间

在北大人看来，成败之间的距离就是你是否有勇气告别昨日失败的自己，只要你挺过去了，那么等待你的一定是美好的未来。下面让我们看看成功者与失败者的本质区别：

成功者犯错后主动承担责任，失败者则尽可能推卸责任；

成功者谦虚，失败者自负，前者把成功归因于运气好，尽管他获得的成功并不是靠运气；后者把失败归结于运气差，尽管他的失败并不是因为运气差；

成功者直视问题，失败者回避问题；

成功者支配环境，失败者受环境支配；

成功者吸取教训，失败者屡教不改；

成功者懂得放弃，失败者不懂取舍；

成功者看目标，失败者看障碍；

成功者尊重自己，失败者轻视自己；

成功者律己，失败者任性；

成功者三思而后行，失败者先行而后思；

成功者敢求助于人，失败者耻于求人；

成功者视困难为阶梯，失败者视困难为绊脚石；

成功者勤劳有方，失败者勤而无方；

成功者充满创意，失败者抄袭复制；

成功者经常思考，失败者无暇思考。

【北大考考你】

妻子透过窗台看着远方的一片空地，那里葬着她心爱的猫咪，妻子每次看到窗外猫咪的墓地，心里都特别难过，经常掩面哭泣。这时候丈夫来到妻子身边，做了一个举动，让哭泣的妻子重获笑颜。

你猜丈夫做了什么？

其实，丈夫是把妻子领到另一个窗台去了。另一个窗台外面是遍地的花朵，妻子一看，心情便大为愉悦。

很多时候，我们之所以沮丧，是因为我们开错了窗户。如果你只看到悲伤，那么很难拥有好心情。试着开启另一扇窗吧，你会看到不一样的风景。

疼痛，是一种破茧而出的领悟

任何束缚，都始于你心。

——北大人箴言

人生在世，谁都难免会有一些大大小小的苦痛。面对疼痛，我们能够去做的就是领悟其中所孕育的生活真谛。

北京大学哲学系毕业的周国平教授，对于生活所给的疼痛，似乎有着比别人更多的领悟。说起周国平的经历，可以用三场官司、三次婚姻、三段经历来划分。

三场官司是怎么回事呢？2005年，已经60岁的周国平在一年间经历了三个官司，分别以一次原告、二次被告的方式，将他推到了法庭上。对于普通人来说，经历一次官司就足以让自己心力交瘁，何况是三次。

但是，生活给予周国平的打击远不止这些。因为，在周国平的生活中，除了在同一年经历了三场官司之外，他还经历过三次婚姻。三场官司，三次婚姻，还有就是周国平的三段人生经历。第一段是周国平考上大学，在哲学系的经历。在不懂哲学的年纪，作为班级中唯一一位选报文科以及哲学专业的学生，他需要面对的是从未接触过的“冷门”专业。周国平以坦然的心态，将自己投身于“书海”。他尝试着认真阅读了雨果的《悲惨世界》，从此沉迷于书的世界，他偏爱俄罗斯文学，也因此开始了文学之旅。

第二段经历是大学毕业后，他被分配到偏远山区工作。在这里，周国平度过了十年时光，悠闲的农村生活也让他有了充足的时间阅读。回过头来想想，那是一段无比寂寞的时光，但在周国平看来，正是那段日子，他锻炼出了常人难以练就的定力。

第三段是在北京上研究生班以及之后走入社会的经历。在改革开放的年代，周国平开始了对尼采的研究，之后又将兴趣扩展到了对哲理散文的研究，他还将这些研究写成了文章。这段时期的经历对于周国平的成功尤为重要，让他受益匪浅。

周国平没有被生活带给他的伤痛击垮，反而从这些宝贵的经历中领悟出了人生的真谛，也让他对于现在的生活倍加珍惜。

人生有苦有甜才叫完整，心情有悲有喜才叫体会。唯有经历过破茧而出的疼痛，才能更好地领悟人生的意义。

对于青少年来说，还没有太多的人生经历，学习是最艰辛的经历，而将目标定为北京大学则是一种历练。谁能最终破茧而出，谁就能第一次体会到人生的意义。

北大成功秘诀——缓解精神压力

生活从来不是件容易的事，你会体会各种酸甜苦辣，有时候压力太大，让我们承受不住，尤其是来自精神方面的压力，如同洪水猛兽一般吞噬着我们。这时，明智者会选择及时缓解压力，让自己轻松一点。那么，该如何缓解精神压力呢？来看看北大人是怎么做的：

1.放缓节奏

紧张的学习节奏会让人喘不过气来，虽然压力很大，但也不能一直学习不休息。没必要让自己一刻不停地处于高强度状态下，适时放松，学习效率反而会更高。

2.合理地安排作息时间

作息时间混乱是很多疾病产生的直接原因。因此，要严格执行自己制定的作息制度，使生活、学习都能规律地进行。否则，一旦因为疲劳过度而患病，会让你损失更多的学习时间。

3.高质量睡眠

只有休息好了才能更好地学习，因此保证睡眠质量很重要。在冲刺时期，你不必睡足八小时，但却要保证高质量的睡眠。因此，学会根据自身情况做出合理安排是非常重要的。

4.面对压力，做好足够的心理准备

如果你将目标定为北京大学，一定会面对空前激烈的竞争，你要做好足够的心理准备，为你所能接受的压力设定合理的限度。

5.保持一颗平常心

在繁重的学习任务以及考试压力下，一定要保持一颗平常心。正确看待竞争，人生成败总有时，泰然处之，才能获得平和的心境。

【北大考考你】

20年前，一个年轻人背井离乡，来到城里发展。他的第一站是去探访自己的村长，希望得到村长的指点。这时候，老村长正在练字，见年轻人要外出闯荡，就写了三个字送给他。这三个字是“不要怕”。村长还和这个年轻人说：“毕生受用的字其实只有六个，今天我送你三个，你先受用半生。”

20年后，年轻人变成了中年人，他已经有一点成就了。但是成就越大，他的压力就越大，心里不好受。于是他回到家乡，再次拜访村长。这时候，村长的家人告诉这位中年人，村长已经过世了，但是留了一个信封给他。中年人打开信封一看，里面写着三个字。

你猜猜这三个字是什么?

其实，这三个字是“不要悔”。人生就是这样，遇事不怕事，咬紧牙关打起来。一旦决定了做某件事，或者已经在走自己想走的道路，那么就要坚定不移，不要后悔，顶住事业发展所带来的压力和痛苦，勇敢前行。

苦难何尝不是人生的一种修炼

忘掉失败，不过要牢记失败中的教训。

——北大人箴言

人生是残酷的，即便你是一名非常出色的学生，之前所有考试成绩都很优秀，但如果在某次大考中出现失误，那么一年的心血都会白费。对于青少年来说，这何尝不是一种苦难呢？然而，有一群将北大作为人生初始阶段唯一目标的孩子们，他们将这种苦难看作是一种修炼，他们不会就这样放弃北大梦，而是选择从头再来。

许多人为了圆自己的北大梦，不止一次地参加高考。但是，你能想象一个人为了能够考入北京大学连续六次参加高考吗？更令人惊奇与不解的是，他的六次成绩都十分出色，完全可以进入一流大学，然而他却选择了执着，坚守自己的北大梦。

2012年，北京大学医学部来了一位新生，人们习惯叫他小柯。他就是连续参加六次高考，终圆北大梦的小伙子。

首先，来简单了解一下小柯参加六年高考的成绩，2007年—2012年，小柯的高考成绩都在本一线上。第一年，他的分数刚超过本一线一点，对北大清华有着强烈渴望的他，选择了复读。第二年，考了590多分的他，填报的唯一一所学校是上海交通大学，但由于被调剂到自己不喜欢的药学专业，他还是选择了放弃。第三年、第四年，由于成绩距离北大清华的录取线太远，他根本没报志愿。第五年，他考了633分，还是不肯报志愿，父亲做主帮他报了福建医科大学，虽然被录取，可是小柯却做出了非北大不去的选择。

在面对高考失利的情况时，小柯也曾对自己的未来感到迷茫。于是，2007年时他选择不再念书，转而与哥哥学习服装设计，想等有实力养活自己了，再继续追求梦想。

在服装厂，每天的工作强度很大，而每月的薪水只有1600元，窘困的现状再一次让小柯坚定了考入北大，改变命运的目标。看着身边一起工作的同龄人浑浑噩噩地生活着，小柯发誓，绝不虚度此生。

打工的经历让小柯对人生有了新的认识，他坚信唯有知识才能改变命运，从而让他有了更多的勇气去承受压力。五年间，小柯先后做过餐厅服务员、电焊工，开过网店，即使工作再辛苦，他都没有放弃上北大的梦想。

不要浑浑噩噩地过一生，所以选择接受苦难的历练。一年年的失意，一年年的坚持，小柯义无反顾地选择复读。这样的做法也让身边的人大为不解。前面说过，在小柯考上北大的前一年，父亲甚至偷偷帮他填报了“福建医科大学”这一志愿。当时同学也劝他，分数已经很高了，能够有不错的学校就应该去读。甚至有同学当面问他：“考了这么多年，还不去上大学，是不是脑子坏掉了？”但是，面对这些不理解，他依然选择走自己的路，坚持自己的梦想。

当初，新东方的俞敏洪参加三次高考才最终如愿以偿，如今小柯经历六次高考才得以实现梦想，与其说这是一段苦难的历程，不如说将其看作是一次人生历练。

当小柯如愿以偿地考上了梦想中的北京大学后，有记者问他：“如果这次还考不上，你会干吗？”

他斩钉截铁地回答：“再考！”

苦难是一门人生的必修课，在人生旅途中，每个人都难免历经磨难，因此，我们要把人生看作一场修行，别让苦难把你打倒。

北大成功秘诀——历经苦难方成正果

北大人将人生视为一场修行，苦难则是成就辉煌前必经的磨难，一个故事足以说明一切：

很久以前，有一个农夫对上帝说："给我一年时间，只要你能满足我的愿望，按照我说的去做，我就可以种出很多小麦，世界上就不会再有人挨饿了。"

上帝答应了。在这一年里，上帝满足了农夫提出的所有要求。没有狂风暴雨，没有电闪雷鸣，没有任何对庄稼有危险的自然灾害发生。

当农夫想让太阳出来时，立刻就会阳光普照；当他需要雨水时，立刻就会落下倾盆大雨。在风调雨顺的环境中，小麦的长势特别喜人。

一年后，农夫对上帝说："你看，麦子长得多好。要是再这样过十年，就会有足够的粮食供给全世界的人们。"

上帝没说话，只是微微一笑。然而，到了收割的时候，农夫发现麦穗里什么都没有，这些看上去长势很好的麦子竟然什么都没结出来。农夫大惊，赶忙去问上帝原因。

上帝笑了笑，似乎早就知道了结局。他说："这是因为小麦都过得太舒服了，没有经历过风吹雨打，也没受过烈日煎熬。你帮它们避免了一切可能的伤害，虽然长势很好，但是却结不出果实。"

历经苦难，方成正果。在修行的路上，我们会不可避免地遭遇磨难。挺过来，就赢了。

【北大考考你】

在一次物理课上，北大物理系教授问了学生们一个问题："现在，悬崖旁边有一块金子。你们算算，如果我开着货车的话，停在距离悬崖的什么位置最方便拿到金子？"

学生们听到教授的问题之后，立刻开始计算。

有的学生说，距离悬崖两米的地方最安全，最直接；有的学生则说，其实只要速度、动能和惯性等方面计算精确的话，在距离悬崖半米的地方也能拿到金子。

只有一个学生说："我觉得距离悬崖越远越好。"

物理教授听到那个同学的回答，十分欣赏。他对学生们说："很多时候，我们的生活中都充满了诱惑，越急功近利，就越容易让自己深陷在危难中。

这就如刚才那个回答距离悬崖半米最方便拿到金子的同学所说的那样。人生中，很多事情是无法预算、无法估计的。因此，我们要尝试用一种尽量安全的方法来保护自己。只有自己好好活着，才有可能获得更多的财富。”

阻碍就像路上的石头，搬开就好

不是境况造就人，而是人造就境况。

——北大人箴言

人生是一次没有回头路的旅程，谁都无法轻易放弃，所以无论遇到多大的困难，都应该选择面对。其实，生活中的阻碍就像石头，如果将它搬开，也就会畅通无阻。北大人同样有着搬开石头、解除阻碍的那份勇气，而来自北大的刘頔就是其中一位。

在了解刘頔的故事之前，有必要介绍一下她的身份。作为一名学理科的女生，她写过小说，创作过歌曲，当过模特，同时因为兴趣爱好还做过影视创作方面的工作……就是这样一位女生，却有着男生般的性格与精神力量。因为刘頔从事过不同的职业，遇到的阻碍也多。那么，她又是怎么去处理的呢？

时光回溯到初中时代，作为一名初三学生，刘頔出版了人生中的第一本书——《阳光正浓》。这是一本约10万字的纪实文学，为了记录自己的初中生活，在本书出版过程中遇到了很多阻碍，一是因为刘頔只是一名初中生，资历尚浅；二是因为她没有任何名气，而且不愿进行宣传，因为她害怕打扰到平静的生活。即便如此，由于刘頔的作品质量很好，经过不懈努力，出版社还是决定给她一次机会。

相信之后刘頔在写作这条道路的发展还会更好，因为她已经习惯越过一个又一个阻碍，搬开一块又一块石头。在通向成功的道路上，已经没有什么困难可以阻碍她前行了。

上了高中，刘頔还爱上了写歌、拍戏，高二那年，她甚至创办了一本名为《Maga2ine》的杂志。此外，业余时间刘頔还会尝试模特及影视拍摄工作，这些都是她的兴趣所在。

在刘頔看来，生活可以有不同的身份，眼前的阻碍就像路上的石头，搬开就好。到了北大之后的她有了新的目标，她要以优秀的成绩实现外交官的梦想。同时，她也要用“徐舒凡”的笔名继续写作、写歌。她很清楚，实现梦想之前会遇到更大的阻力，但她有信心将这些阻碍一一化解。

谁都不喜欢给自己设置阻碍，但是阻碍却会出现在人生的每一个阶段。所以，我们需要有解除阻碍的决心。这样，才能在阻碍出现时，更好地面对与解决。

北大人不是天生的成功者，他们正是因为搬开旅途中的一块块大石头，才最终到达目的地。

北大成功秘诀——随机应变

路上有石头，搬开就好。如果石头太大搬不动怎么办？是放弃原路返回，还是跟它较劲？这时要考验的，就是随机应变的处事能力。下面来看一个故事：

某剧团正在上演一出戏剧，剧中的主角是看守监狱的牢头和犯人。牢头拿出一封信让犯人大声读出来，在以往，犯人念的这封信都是写满原文的，演员照着念就行，而这次扮演看守的演员故意戏弄演牢头的人，用一张白纸替换了原来那封写满字的信。

扮演犯人的演员拿到信后顿时傻了眼，面对白纸一张，他记不清之前的内容，汗都快出来了。这可怎么办？他意识到自己被戏弄了，于是灵机一动，对扮演看守的演员说：“这里的光线太暗了，麻烦你代我读吧!”

这下，压力又落到了扮演看守的演员身上，他更不知道原文了，急得直冒汗。最后，幸亏他急中生智，说道：“是呀，是呀，光线的确太暗了，我得去拿眼镜。”不一会儿，看守戴着眼镜上台了，并大声流利地为犯人读起了那封信。不过这次，他拿的可不是那张白纸了，而是那封事先写满了字的信。

随机应变是摆脱困境的良方，当阻碍发生时，一定要想办法解决，而不是放弃或硬来。下面就来看看北大人是怎么提高随机应变能力的吧：

1.广泛学习，丰富知识面

北大人知识面很广，学识渊博，即使遇到非专业的事情，他们也略知一二，因此可以有效提高随机应变的能力。

2.丰富人生阅历

北大人不仅知识面广，人生阅历也较同龄人丰富。当遇到突发状况时，往往可以根据经验做出判断，化解问题。因此，有意识地提升个人阅历，多经历一些事，总结其中的经验，有助于提高随机应变的能力。

3.多参加富有挑战性的活动

在实践活动中，我们必然会遇到各种各样的问题和实际困难，努力去解决问题和克服困难的过程，就是增强人们应变能力的过程。

4.扩大交往范围

遇到的人越多，遇到的事也就越多，随机应变的能力在这个过程中就会逐步得到提高。因此，扩大自己的交际范围能够有效提高随机应变的能力。

5.加强自身修养

应变能力强的人往往能够在复杂的环境中沉着应战，而不是紧张和莽撞从事。在工作、学习和日常生活中，遇事要冷静，学会自我检查。还要自我监督、自我鼓励。这样有助于培养良好的应变能力。

6.改掉犹豫不决的毛病

随机应变考验的是一个人的反应能力，如果你是一个遇事犹豫不决的人，那么要有意识地做出改变。

7.改变思维定势

人的思维方式常常会出现两大定势：一是直线型，不会拐弯抹角，不会逆向思维和发散思维；二是复制型思维，常以过去的经验为参照，不容易接受新鲜事物。只有改变这两种思维定势，才能逐步提高随机应变的能力。

【北大考考你】

在非洲的原野上，天刚发亮，狮子妈妈就会叫醒自己的儿女，并且告诉他们：“孩子啊孩子，你必须跑得快一点，再快一点。要是你跑得比最慢的那只羚羊慢，你就会饿死了。”

而另一边的羚羊妈妈也一样，天刚擦亮，就叫醒自己的孩子，告诉他们：“孩子啊孩子，你必须跑得快一些，再快一些。要是你跑得比最快的那头狮子要慢，你就会被吃掉。”

那么，你觉得狮子妈妈和羚羊妈妈哪一个说的是真话？

其实，狮子和羚羊说的都是真话。而这个故事也告诉我们两个道理：

·如果我们在某方面天生不如别人，我们就需要付出更多的努力，做到笨鸟先飞。只有这样，我们才能在激烈的竞争中脱颖而出。

·如果我们在某方面天生比别人优秀，我们则不能骄傲，须知骄兵必败。只有戒骄戒躁，我们才能保持自己的优势，不被超越。

明天的你，一定会感谢今天拼命努力的自己

对于一个生命来说，最最可怕的事情，并不是这个生命遭受苦难的时刻。而是在不久之后，社会的变革证明你所经历的苦难，完全是个不值一提的笑话。

——北大人箴言

如果你的目标是北京大学，如果今天的你凌晨四点半还没有睡，那么你所付出的努力都将在明天得到补偿。为什么那些已经考入北大的学生还会在凌晨苦读?

答案很简单：他们有着明确的人生目标。他们清楚地认识到，自己所学到的知识还不够，为了实现梦想，必须比他人付出更多的努力。

明天的你，一定会感谢今天拼命付出的自己，北大人都这样拼命，我们普通人又有什么资本懈怠呢。

在北京大学有这样一名学生，她年仅15岁，却被北京大学光华管理学院录取。她叫洪欣格，是北京大学第一批校长推荐的学生，同时也是这里面年龄最小的一个。洪欣格的优秀之处，可以用以下几点来证明。

第一，年龄最小的校推生。

想成为“校推生”并非易事，需要经过学校的层层考验。与洪欣格竞争推选名额的一共有三个人，均是出类拔萃的优秀学生。但是，因为相比之下洪欣格的成绩非常均衡，在面试过程中反映出了知识面广、心理素质好的特点，给考评小组的老师留下了深刻的印象，所以在综合素质方面以及成绩都不错的条件下，她得以被推荐。

第二，不靠加分上北大。

如果说校推生资格是一道保险，那么，洪欣格则是用考试成绩证明了她的优秀。当年，她的高考成绩就已经达到了北京大学的录取标准，而不需要加上校推生的30分。

第三，从小就是跳级生。

洪欣格同学在上小学的时候，入学年龄比同龄人早，但是在学习过程中却显现出异于常人的天赋。最终，家人决定让她跳级。在家人同学校商量，经过校方同意后，她跳到三年级学习，并很快适应了三年级的课程。洪欣格的跳级不止这一次，中学三年，她同样实现了跳级，只用两年就完成了学业。

第四，优异的写作才能。

为了缓解自己的压力，洪欣格尝试用写作的方式来进行消遣。其间，她通过各种各样的文章发泄心中压抑的情绪，结果阴差阳错地在写作领域获得了不错的成绩，有《水做的女儿》《亡国之女——西施》等多篇文章发表于知名杂志上。

第五，完成雅思高分考试。

在洪欣格的简介中，有一条除高考成绩之外的亮眼内容，她取得了IELTS考试7.5分，TOEFL考试106分，SAT1考试2160分，SAT2考试2400分（满分）的好成绩。当人们在高中阶段拼命为了考取一个好学校努力的时候，洪欣格因为母亲将她的口语培训班错报成了雅思教学班，而较早地开启了雅思与托福的考试。当时，她只是抱着既然学了就去考考看的想法，结果却获得了雅思7.5的高分。这样的分数可以申请美国的任意一所学校。因为这样的成绩，洪欣格有了出国留学的念头。紧接着，她又在第二年参加了托福和SAT1、SAT2的考试，同样取得了非常好的成绩。这样优秀的成绩需要她对自己有着非常高的自律与自主学习的要求，她就是这样拼命付出着。

第六，上北大前完成GMAT学习。

高考结束后，洪欣格并没有放松要求，她稍作调整后，提前一个月来到北京，参加了北大青年天文学会的活动。活动结束后，她便留在了北京上GMAT（Graduate Management Admission Test的缩写，中文名称为经企管理研究生入学考试）补习班。由于之前就已经有了出国留学的想法，所以她准备尽早完成GMAT的考试。

洪欣格之所以如此努力付出，为的就是将来的某一天能有所成就。她最喜欢的一句座右铭就是：明天的你，一定会感谢今天拼命努力的自己。

面对未知的将来，我们所能做的就是拼命付出，因为未来美好的生活需要我们今天的努力拼搏。努力吧，别忘了当初答应过自己的事情，做自己想做的事，去那些自己想要去的地方。即使再困难，即使再远，也一定不要放弃。拼命付出，就有可能在未来获得并达成自己的目标！

北大成功秘诀——人生的意义在于自我实现

为什么北大人如此努力，为什么今天的他们那么拼命，就是为了能够实现自我，让明天的自己收获成功。那么，像北大人这种自我实现者有何特征呢？

一起来看看马斯洛在《自我实现的人》一书中为我们阐述的自我实现者具备的15种人格特征吧：

1.准确地认识现实

自我实现者能够采用客观的态度去认识自己、认识他人、认识周围世界，因此能不带任何主观偏见地去看待现实，能够按照事物的本来面目去发现事实的真相。

2.宽容和悦纳自己、他人和周围世界

自我实现者能够承认和接受“任何事物都具有积极与消极两个方面”的事实，因为有较大的宽容性。他们知道自己的长处，也承认自己的不足，因而能够悦纳自己。

3.自发性、单纯性和自然性

自我实现者坦率、自然，倾向于真实地表达自己的思想和感情，行为具有自发性。他们有什么想法就讲什么；他们有什么感情就表达什么；他们想做什么就做什么。他们不矫揉造作，完全按照自己的本性行事。

4.以问题为中心，而不是以自我为中心

自我实现者不以自我为中心，而以问题为中心。他们一般不会关注个人，而是以工作、事业为重，能够全力以赴解决问题，实现自己的目标。对他们来说，工作不是为了金钱、名誉和权利，而是认为工作本身就是享受。

5.具有超然于世的品质和独处的需要

自我实现者是自我决定、自我负责的个体。他们不依赖他人，不害怕孤独，常常主动追求独处的环境。

6.有较强的自主性和独处性，超越环境和文化的束缚

自我实现者更多地受成长动机驱动，而非受匮乏动机所驱动，因而能够摆脱对外界环境和他人的依赖，独立自主地选择自己的目标，并实现自己的目标。

7.具有永不衰退的欣赏力

自我实现者具有奇妙和反复欣赏的能力，在他们眼里，每一次朝阳都是那么灿烂，每一个婴儿都是那么令人惊奇，每一朵花都是那么美丽馥郁。他们带着好奇、敬畏、喜悦和天真无邪的心理去欣赏和体验日常生活。

8.经常能够产生神秘体验或高峰体验

自我实现者通常都经历过强烈的神秘体验，一种狂喜、惊奇、敬畏以及失去时空的情绪体验，马斯洛称之为高峰体验。这种体验并不是自我实现者所独有的，所有人都有享受高峰体验的潜能，但是只有自我实现者才能经历更高频率、强度更大、更充分的高峰体验。

9.对人类的认同、同情与关爱

自我实现者对所有人都有强烈而深刻的认同感、同情心和慈爱心。他们的关爱不仅仅局限于自己的亲戚朋友，而是包括了不同种族、不同文化、不同社会阶层的所有人。

10.具有深厚的个人友谊

自我实现者比一般人具有更融洽、更崇高和更深厚的朋友关系。由于交往需要占用时间，所以他们的朋友圈子通常比较小，更倾向于寻找其他自我实现者作为亲密朋友。由于以共同的价值观和人格特征为基础，他们的朋友虽然不多，但感情上却非常深厚。

11.具有强烈的民主精神

自我实现者具有民主思想和民主的行为风格，他们尊重一切人，不因他们的种族、地位、宗教、阶级和教育的不同而区别对待。他们能平等待人，极少存在偏见，尊重别人的意见，随时倾听别人说话，虚心向别人学习。

12.具有强烈的道德感

自我实现者有明确的道德观念，能够明辨是非，遵循自己认可的内在道德标准，只做自己认为正确的事情。

13.具有哲理的和完善的幽默感

自我实现者具有很强的幽默感，他们常常会开一些有哲理的玩笑，但不愿开一些庸俗和伤害他人的玩笑。他们善于自嘲，或者取笑人类的愚蠢。

14.富于创造性

自我实现者的一个突出特点就是具有很强的创造性。他们的创造性与儿童天真的、异想天开的创造潜力一脉相承。一般人在社会适应过程中会逐渐丧失这种与生俱来的潜力，而自我实现者却能够保持开放、新鲜、纯粹和直率的眼光来看待生活和世界，因而能够破除陈规，使自己在生活、工作等各方面显示出创意和独特性。

15.具有抵制和批判现存社会文化的精神

自我实现者不墨守成规、不随波逐流，他们自主独立，能够抵制和批判现存的不合理和不完善的社会文化，并突破这些社会文化的限制与包围，其思想和行为遵循自己内心的价值与规范。

【北大考考你】

有一天，北大教授正在和几个学生开座谈会，学生们总是围绕专业性非常强的问题发问。北大教授觉得有点腻了，便向学生们提一个问题："小张被关在一间并没有上锁的房间里，可是他使出吃奶的力气也不能把门拉开，这是怎么回事?"

学生们突然被问了这么一个问题，都有些茫然。

那么，你来猜猜，这到底是为什么呢?

其实，答案很简单，因为那道门是推开的，不是拉开的。人生就是如此，当你觉得你到处碰壁，总是找不到出路的时候，应该试着换个方式，或许就豁然开朗，出路就在前方了。

第九章
陪伴北大人一生的优秀品质

懂创新：你也能改变世界

钟表，可以回到起点，却已不是昨天；日历，撕下一页简单，把握一天很难。

——北大人箴言

一部叫作iPhone的手机，一个叫作乔布斯的人，就这样改变了世界。你知道其中的原因吗？——创新！

懂创新，你也能改变世界！

如果你只想做一个跟随者，那么只抄袭就可以了；如果想要发展得更好，那么唯有创新才会让你变得与众不同。在这一点上，你觉得北大人会作何选择？

梦想改变世界的北大人，无时无刻不再力求创造全新的世界。在他们眼中，一味抄袭、跟随是没有出路的，甚至是可耻的。

唯有创新，才会让你，才会让这个世界变得与众不同！

无论工作还是生活中，有创新才能找到更好的发展途径。我们每天都要吃饭，然而每一天都吃同一样东西，就算一两次不会厌烦，时间长了再美味的食物也会厌烦。但是，如果将食物的做法进行创新，有了新的口味，新鲜感也会随之而来。

生活如此，工作中更是如此，唯有创新才能取得突破性的进展。

1949年在北大攻读研究生并且兼做助教的于敏，是两弹一星元勋中的一员。他是一位核物理学家，作为一名科学家，他需要在工作中不断思考，不断研究，不断发明创造，从而做到创新。毕竟，两弹一星这样复杂的项目，缺少了创新精神是不可能完成的。

作为两弹一星的元勋，于敏被称为“氢弹之父”，他在氢弹发明的工程中起到了重要作用。在1988年之前，于敏的档案被视为机密文件，他的相关信息很长一段时间里不为世人所知。看来想要了解于敏先生的生活是不可能了，但是其在工作中的创新精神却可见一斑。

1960年开始，热核材料性能和热核反应研究在秘密地进行着，为氢弹的研究拉开了序幕。在此之前，我国在核物理技术方面很落后，甚至可以说是一片空白，一切工作都处于准备阶段。这其中需要解决的问题甚至从来没有遇到的难题是非常多的。比如，在对氢弹的研制过程中，首先需要对氢弹原理进行突破，因为只有这样才能将核物理研究中的基础问题解决。

于敏先生为了解决这个难题，创新性地提出了一套完整的设想，对解决基础问题起到了关键性的作用。接着，随之而来的一些设计及理论研究方面的关键性问题也都迎刃而解了。

在工程进行过程中，于敏先生把原子核理论分为了三个层次，即实验现象和规律、唯象理论和理论基础，这又是一个全新的思路。同时，他在平均场独立粒子方面的成绩也是非常引人注目的。这样的贡献除了填补国内技术领域的空白之外，也在这些技术的基础上进行了创新性的发展，这也是“两弹一星”工程最终能够成功的一个重要因素。

“我们当初是为了打破核垄断才研制核武器的。对此，如何保持我们的威慑能力，要引起足够的重视。如果丧失了我们的威慑能力，我们就退回到了20世纪50年代，就要受到核讹诈。但我们不能搞核竞赛，不能被一些经济强国拖垮。我们要用创新的、符合我国国情的方法打破垄断，以保持我们的威慑力。”这是于敏先生在接受采访时所说的一段话，由此可以看出，创新是多么重要！

于敏先生有“国产土专家”的称号，这个称号是国外核物理及相关领域的专家，在认识到于老的核物理知识以及他在核物理方面的创新之后，给予他的评价。在于敏老先生看来，科学的开放精神可以促进科学技术的进步，这样的创新意识及创新思想尤其重要。

从第一天进入北大开始，创新精神就已经深深地植根于每一位北大学子心中。从陈独秀、李大钊等一批优秀学者，到毛泽东这样的伟人，无时无刻不以创新思维引领着社会思潮。他们用实际行动告诉我们，北大人从来不缺创新思维。

北大人无时无刻不在追求创新，但同时也要讲方法。如果只是一味地去创新，并不符合时代发展的需要；或者说，如果创新不实用，那么这样的创新就是没有意义的。成功的创新是能够被别人接受与认可的，也是一种实用的创新。成功的创新，应该是在现有思维模式的基础上，提出有别于常规或常人思路的见解。不然，不成功的创新还不如不创新。因为，不实用的创新只是在浪费时间。

如果你想创新，除了要有创新的思想，还要能够从不成功的创新中总结经验，这样才能让创新变得更有意义。

北大成功秘诀——创新改变世界

一个乔布斯用一部iPhone颠覆了人们对于手机的概念，甚至改变了整个世界，这就是创新的魅力。如果斯坦福大学的乔布斯可以做到，那么北大人同样可以做到。对于某些人来说，创新真的不容易，他们只会跟随、抄袭，而对于某些人来说，创新只不过是一次突发奇想，先来看看下面这个故事：

田中正一曾经是日本东京的一个普通知识分子，他不去工作，而是整天闭门研究一种“铁酸盐磁铁”。在邻居们的眼中，他就是一个十足的“怪人”。那时候，每逢周四，田中正一都要带着许多制好的磁石，前往大井都工业试验所去做测试。

田中正一患有神经痛，但是他发现每次开始试验之后，他的病痛就会得到缓解。对此，他感到十分好奇，于是决心展开研究。他找来一条橡皮膏，在上面均匀地粘上五粒小磁石，然后贴在手腕上做试验。很快，他就发现这样可以减轻神经疼痛，于是想到了申请专利。田中正一认为：“将磁石的南北极相互交错排列，让磁力线作用于人体，血液流过磁场时便能产生微电流，这种电流会起到治病强身的效果。”

取得专利权后，田中正一又突发奇想，他认为如果人们可以像戴手表一样戴着磁疗带，就可以每天都很方便地保养健体了。于是，他模仿表带的式样，制造出四周镶有六粒小磁石的磁疗带，并推向了市场。没想到，产品上市后竟然受到消费者的热捧，一周的销售额高达两亿日元。

一夜之间，曾经穷困潦倒的知识分子变成了百万富豪。而这一切，就源自于一次突发奇想。

既然创新思维如此重要，就让我们看看北大人是怎样培养思维能力的吧：

1.激发好奇心理

好奇是人类的天性，也是激发创新思维的最原始动力。疑而启思，疑而生变。激发你的好奇心，对感兴趣的事情刨根问底，专心研究，大胆探索，就一定会在思考的过程中激发创新思维的火花。

2.反向思考问题

大部分人遇事习惯于正向思维，一旦问题稍有变化，思维定势就成为解决问题的羁绊。而北大人能够很快转变思维方式，反过来想问题，进而解决问题。在这个过程中，也容易激发创新思维。

3.大胆想象，训练发散性思维

在想象的世界里，总会出现各种各样新奇的想法，就此展开发散性思维，联想到事物的不同方面，你会看到一个不一样的世界。

4.审美能力激发创造力

提高审美能力，增强感性思维，在寻找美的世界中迸发无限的创造力。

5.积极参加讨论

在讨论的过程中最容易触发创新思维，平时多与人聊天，多讨论，不仅可以丰富你的知识经验，还会擦出智慧的火花，激发出灵感，进而激活创新思维。

【北大考考你】

从前，有一家人的院子中摆着一块很大的石头。来访的客人一不小心就容易被石头绊倒。

一天，孩子问爸爸：“爸爸，为什么不搬走它呢?”

爸爸说：“你说那颗石头啊？从你爷爷那辈开始，就一直放在那儿了。它太大了，我们挖它得花费很多工夫，为了挖走这块石头，浪费那么多时间，不值得。”

可是儿子偏不信邪，他就是要挖挖看。于是，有一天放假，他什么事情都不干，专心挖石头。儿子心想，一天挖不完就挖两天，两天挖不完就挖三天。

结果，儿子竟然不到十几分钟就把石头挖出来了，怎么会这样呢？

其实，爷爷和爸爸都被这块石头的外表欺骗了。这个石头看上去确实很大，可问题是这个石头陷入泥土中的部分很少，几乎只要松松土，就可以整个挖出来。

这个故事说明，很多时候，我们看到的并不是事情的真相，其真实面目是需要我们挖掘的。如果我们要想发现事情的真面目，单纯停留在表面是不够的，必须动起手来，这样就可能会获得意想不到的收获。

重点滴：细节决定成败

没有什么巨大的剧情，生活也就是些微小的细节：一个回眸，一段发呆的片刻，一根点燃了又忘记吸的烟，一段隔着玻璃的温柔爱抚，和一种走路的姿态，一个门牌，以及一支歌里卸下的心事。

——北大人箴言

现如今，整个社会都在谈论“细节决定成败”，学生们一定也不陌生，然而在学习过程中，如何做到关注细节呢？很多孩子都不清楚，写作文时如果点错了一个标点，整句话的意思就可能变了味，如果这样的失误出现在高考中，那么很可能意味着一年的努力白费了，更可怕的是，它还会毁了你的一生。这就是细节的重要性，也是北大学子重视细节的原因。

学习中的细节，往往体现在那些不起眼的地方，当我们将更多精力放在解答难题，拿高分时，而忽略了那些只有两三分的判断题，然而这些小分题正是最容易被忽视的，差距便在此被拉开。试想，如果大家都答出了那些难题，谁能将这些简单的小分题都拿满，谁就能取得好成绩。

在北大，有这样一位成员，他是两弹一星的元勋，1951年在清华毕业后，来到北京大学研究院。后来，他还担任了中国科协主席。他是周光召，无论生活还是工作中，他都是一位极其注重细节的人。

在两弹一星项目进行的过程中，他以精益求精的态度完成了工程中的每一项工作。他很清楚，工作中如果出现一点误差，后果将是致命的。这就要求他不得不更加仔细。比如，一项数据可能需要进行多遍反复计算才能最终被确认。周光召将这样的态度贯穿于整个工作过程中，他认为只要将工作做到极致，做好每一个细节，就一定可以取得伟大的成绩。

周光召先生注重细节的品质，在原子弹设计初期便尽显无疑。当时，有一份苏联总顾问发来的数据，国内科研人员对此产生了争议，周光召先生也觉得数据有问题。之后，他就亲自重新计算，验证数据的正确性。最终，周光召先生以精益求精的态度，发现了这份数据的误差。要知道，原子弹设计上如果差了分毫，那可是不得了的。

当然，周光召先生重点滴、重细节的品质，绝不仅仅体现在这里。这是发生在1964年10月15日，原子弹爆炸成功前一天的事。当时，原子弹已经在罗布泊的铁架上安装就绪了。这意味着只要一声令下，随时可以将这颗原子弹引爆。但是，就在这个时候，周光召收到了上面的一个紧急指令，要求重新计算过程数据的指示。

由于邓稼先已经赶去了基地，在收到上级紧急指示后，身在北京的周光召当仁不让，承担了这一项任务。他考虑应将整个体系做一次深入的检查，从而保证之后的爆炸工作万无一失。重新计算的结果没有任何问题，证明了之前工作的细致认真。但是为了确保万无一失，这样的检查是非常有必要的。重新计算之后，科研人员给出了数据无误的可执行报告。

“成功率应该会大于千分之九百九十九，总之应该是一个很大的成功率。当然，这话也不能这么说，但总之就是说我们已经尽到了最大的力量，而且我们认为我们做的工作没有任何的问题。”这段话是周光召先生在完成验证计算后面对媒体讲的，体现了其重视细节的一面。

细节决定成败，如果连天赋异禀的北大人都要以如此专注的精神对待学习和工作，我们普通人更应该这样。你想成为像他们一样的人吗？你想在学习和工作中有所成绩吗？一切并没有你想象中那么难，只要注重生活中的点点滴滴，把细节做好，一切便皆有可能。

北大成功秘诀——细节决定成败

“细节决定成败”之所以能够流行这么多年，绝不是只是因为一句简单的口号，而是因为一种务实的精神，北大人对此深有感触，所以无论是学习，做学问，还是对待工作，他们都秉承精益求精的态度，力求将每一个细节做好。

让我们轻松一下，看一个小故事：

一日，惠普公司纽约分公司的各部门接到通知：下班后全体员工开会。

下班后，当员工走进大厅时，发现每张桌子上都摆满了各种水果、饮料。其中一名负责看守大门的老员工看到眼前的一切，认为自己没有资格享用，于是转身便走。

当他走到大门口时，恰好碰上了分公司的总经理。总经理把他请了回来，随后，走上讲台，恭敬地向大家行礼，并说道："今天，把大家召集到一起，主要是想听听大家的看法。对公司、对管理人员有什么建议或意见，都可以畅所欲言。"然后，他拿出一个笔记本，逐一记录员工们的意见，并答应一定及时回复。

这位总经理通过看似微不足道的小细节，将细节精神渗透到了公司的每一个角落，他也因此备受员工的推崇。

细节决定成败，在工作中如此，在学习中也一样，北大的优秀学子正因为注重学习细节，才让成绩始终保持在优秀的水平。下面是北大人总结的最容易被人忽视的10个细节：

1.随身携带学习卡片

即便在通信如此发达的今天，北大人依然会随身携带学习卡片。在他们看来，知识如果记在手机里，很容易被误删，记在卡片上则会引起重视，回到家中也更方便复习记忆。

2."随手笔记"

所谓"随手笔记"，就是在任何时间、任何地点养成随手记笔记的习惯。北大学子无论到哪儿，都会带着一个笔记本，将有必要的内容写下来。他们始终认为"好记性不如烂笔头"。

3.做标记符号

对于重点问题，北大人习惯以不同符号标注。比如老师讲课时的重点、易错点，他们会画一个五角星；不会的问题，会打一个大大的问号；做标记符号是使书"变薄"的重要手段，也是我们复习时的重要资料。

4.整理错题集

有的同学因为怕麻烦，不愿意整理错题集，在北大学子看来，这是不可理解的。为了节省时间，北大学子会快速浏览复习资料，尤其是之前做错的题目，他们很清楚只有不断地查找漏洞，弥补漏洞，才能有效提高学习效率。

5.复习时先“回忆”

“回忆”是高级的复习。在复习功课时，花几分钟回忆之前的难点、错题，能使你更快速地进入学习状态，培养动脑的习惯，并且做到复习时胸中有数。

6.诲人不倦

有些学校的尖子生不愿意帮助同学，尤其是在学习方面，他们认为这是在浪费时间，而北京大学的高才生绝不会这样做。在他们看来，给他人解题的过程中，同样是自我提高的过程，这就是所谓的“教学相长”，在帮助他人学习过程中随时可以发现自己的不足，并随时纠正，这种两全其美的事情何乐而不为呢?

7.卓越的目标

人活着就得有个目标，目标是人成长的持久动力，是人前进的不竭源泉。北大学生很清楚这一点，他们早就为自己设定了人生目标、现阶段目标、学期目标、每日目标等等，用每一个目标激励自己更快地进步。

8.整理书包

整理书包就是在梳理学习思路，是无意识中的学习计划。此外，对于北大学生来说，整理书包也是一个不错的休息放松的方式，把书包整理得井井有条，而非杂乱无章，也是一种组织能力的体现。

9.使复习像考试一样紧张

实验表明：适度的紧张可以提高效率。北大学子在复习时经常采用“限时复习法”，也就为每一段复习内容限定适当的时间，尽量要求自己在规定时间内完成，这样能够最大限度地提高学习效率。

10.“全局观念”

所谓“全局观念”，就是在学习过程中一定要掌握这一章、这一阶段、这一学期的学习内容。这一点并非每个学生都能做到，因此也显示出北大人的才华所在。每个人都应该学习北大才子们的全局意识，在预习、复试时从宏观面入手，更好地掌控学习进度与效率。

【北大考考你】

以前，小镇上有两座庙宇，一座庙的住持叫静海，一座庙的住持叫静心。静海是一个非常热情的人，遇到信众前来烧香拜佛时，总是笑脸迎人，所以他所主持的庙宇香火鼎盛。但是由于静海大大咧咧，对于香油钱一点都不在乎，总是施舍穷人，所以庙里的收入一直不稳定，经常入不敷出。

而静心主持的另一座庙宇和静海不同，静心对于庙宇的财务管理十分精细，不过静心是一个木讷的僧人，根本不喜欢和别人打交道，而且还严肃待人。久而久之，来静心住持的庙宇烧香的人就越来越少了，不管静心多精打细算，收入还是没什么着落。

知县见状，便提了一个建议，两位主持采纳建议后，庙宇的香火不但都变得很好，而且渐渐有了很多的结余。

你猜知县的建议是什么?

很简单，知县就是建议将两个庙宇合并成一个更大更好的庙宇。结果两个庙宇一合并，果然香火充足，收支平衡。合并后的庙宇由静海招呼信众，静心负责管账，强强联合，win-win收场。

由此可见，很多时候我们做事情要懂得将对的资源放在对的地方。

有责任：责任心是成长的动力

自己不能胜任的事情，切莫轻易答应别人，一旦答应了别人，就必须实践自己的诺言。

——北大人箴言

如果你是一个没有责任的人，又怎么会有人会放心地将重要的事情交给你呢？如果说作为北大人势必要比别人承担得更多，那么也一定要比别人更有责任感！因此，无论在学习还是生活中，请时刻记住“责任”二字，这会帮助你走得更远！

对于学生来说，努力学习就是一种责任，那些在凌晨四点半依然发奋苦读的学生，就是对人生负责的人，体现出一种强烈的责任感。谁会在这个时间依然苦读呢？一定是那些对自己严格要求的人，他们有着明确的目标，为了能够考上理想的大学，所以努力拼搏，在别人睡觉的时间依然发奋读书。

想要出人头地，就要付出超出常人的努力，时间是最公平的，所以在别人睡觉的时候，依然努力苦读，才能最终超越他人，成就自我。

每一位从北大走出来的人，都有着强烈的责任心，这也是他们立身处世的根本。

在北大，有一位叫作朱光亚的两弹一星元勋，他为中国做出了重大贡献。同时，他也是一位有责任心的人。毕竟，如果没有责任心，是根本无法担当两弹一星这样的重任的。

朱光亚先生一辈子都在从事核物理的研究工作，他抱着对祖国高度负责的精神，将自己的一生献给了核物理研究工作，体现出了伟大的责任感。

朱光亚先生不仅对工作负责，更对自己负责。他没有让自己在原子能科技事业上停下脚步，即使遇到阻碍或是不顺利的情况，也依然坚持着。

朱光亚先生一生为原子能科技事业的发展做出了杰出贡献。“我这一辈子主要的就是这一件事——搞中国的核武器。”这是朱光亚先生回首过往时说的，一辈子只做一件事，足以证明他的责任心。

1946年，朱光亚先生随吴大猷先生进入密执安大学，开启了他对核物理学的研究与学习，这也成为之后进行核试验研究的基石。在上学期间，朱光亚先生每年都以优异的成绩获得奖学金，并且每次的成绩都是A，这就是其对自己负责的最好证明。

在核试验过程中，朱光亚先生更是亲自指导核武器研究院和核试验基地，开展禁试后科研发展方向的研讨论证。就是因为有了朱先生这种负责任的精神，才能在经过中央同意之后，快速启动核武器技术的研究发展。?不仅是朱光亚先生，任何一位北大人都具备高度负责的优秀品质，对学习负责，对工作负责已经成为北大人的一种习惯，这也是他们在各个领域取得优异成绩的原因。

想要具备强烈的责任心，只是嘴上说说是不行的，需要靠行动去证明。在学习中，要对每一次考试负责，要对每一门学科负责。毕业后进入社会，要对工作负责，对团队负责，对公司负责。

责任心是成长的动力，体现在日积月累的实际行动中。每一位志在北大的年轻人，都应该从小培养认真负责的精神，有责任，有担当，才是北大人的传统。不断学习北大人的精神，当强烈的责任感成为你的习惯，势必会让你受益终生。

北大成功秘诀——增强责任感

在北大，每个人都强调责任心，因为他们很清楚，将来进入社会，责任心会是用人单位非常看重的基础素养。即便你的能力再强，如果缺少责任心的话也绝不会得到重用。

来看一个小故事：

来自不同国家的几个人在同一个部门工作，其中两人在交接一根针时，不小心掉在了地上，于是引出了下面五种不同的找法：

严谨的德国人说：把掉针的地方划分为几处方块格子，然后一个方格子一个方格子地去找，一定会把针找到。

浪漫的法国人表示：不用着急，喝着咖啡，听着音乐，跟着感觉走，也会找到针。

开朗的美国人说：我们找一个扫把，把地下的灰尘扫拢在一起，很快会发现那根针。

善于合作的日本人说：大家一起找吧，每个人负责一片儿，很快就能找到。

中国人没有给出建议，而是说：针不是我弄掉的，与我无关。

这则故事让我们很惭愧，然而很多国人责任感缺失，早已不是秘密。为了改变这一点，北大人从进入校园那一刻起，就在努力提高自己的责任心。

北大学生通过调查，总结出了当代大学生责任感缺失的主要表现：

1.理想信念的缺失

年轻人要有远大的理想，但在今天竞争激烈、急功近利的社会背景下，很多大学生容易产生理想信念模糊、目标功利性过强的思想。结果，在利益面前，责任感就变得一文不值。

2.价值取向的缺失

当代大学生的价值取向常常错位，越来越多的大学生注重个人的独立性、自主性地位，追求自我价值尊严和利益要求。他们将自我价值看得过重，从而轻视社会价值，常常把目光定格在个人的具体目标上，对其他事情缺乏应有的责任意识。

3.社会公德的缺失

做事先做人，即便你的学习成绩再好，能力再强，如果不会做人，依然不值得尊重。现在的学生社会公德意识淡漠，责任感缺失，只在乎自己的利益，完全忽视他人及社会的利益，实在令人惋惜。

4.主人翁意识缺失

很多学生持有“事不关己，高高挂起”的态度，对个人利益之外的事情都漠不关心，没有真正把自己的命运与社会、他人、集体联系起来，没有把自己当成社会大家庭中的一分子来看待，遇到问题总是把自己当作局外人。

【北大考考你】

以前，鲁国有一个农夫，他非常擅长编织草鞋，而他的妻子擅长织头巾。由于两人在鲁国的生活不怎么样，他和妻子准备到越国去发展。不过他的朋友听说后说："你们要是去了越国，生活肯定大不如前。"农夫觉得朋友泼了自己冷水，很不高兴。

你猜，朋友为何会反对他们去越国呢?

朋友解释说："你擅长织草鞋，可是越国人喜欢赤脚走路；你妻子擅长织头巾，可是越国人喜欢披头散发，你们如何赚钱?"

最后农夫听信了朋友的建议，留在了鲁国。

无论学习还是生活中，我们都要尽量发挥所长，同时也要考虑自己的生活环境，如果脱离实际情况，一切专长都是空谈。只有根据需求去行动，才有可能获得成功。

要热心：积极心态，心向阳光

有信仰就年轻，疑惑就年老；有自信就年轻，畏惧就年老；有希望就年轻，绝望就年老。岁月使你皮肤起皱，但是失去了热忱，就损伤了灵魂。

——北大人箴言

对于志在北大的年轻人来说，一路上必定充满艰辛，如果是心态消极的人则无法坚持到最后。所以，想要最终考入北大，你不仅需要付出超过常人数倍的努力，不仅需要在凌晨四年半依然坚守在书桌前，还要拥有积极的心态，唯有乐观的性格，才能帮你克服诸多困难，否则你根本无法应对接二连三的挫折。

在北大，如果你有着对生活和学习的那份热情，有着积极的心态，那么你可能会得到更多的机会。伸手不打“笑脸”人，如果你是一位热心的人，生活中将会得到更多的快乐。

曾经的北京大学校长的周培源先生就是一个心态积极的热心肠。

“有人沉默、有人顺从、有人阿谀时，他能像大河奔突着向前。”这是武际可先生形容周培源的话，从中可略见周先生的热心之处。当然，周培源先生的热心，不仅表现在日常的生活、工作中，同样表现在他强烈的爱国精神上。

清华大学毕业后，他选择了出国留学，曾经先后到过加州理工学院和芝加哥大学，并在那里接受了进一步的教育。在获得了理工博士学位之后，他拒绝了美国一些大公司的高薪挽留，并且拒绝了美国国防委员会战时科学研究与发展局的邀请。

完成学业后，周培源先生毅然回到了祖国，怀着一定要报效祖国的信念，他带着家人开始了在清华大学的工作。之前美国政府给周先生开出的薪酬是6000美元，这还不算其他优厚的工作条件。而清华大学给出的薪酬只有300美元。如此之大的差距也无法阻挡周培源的爱国热情，发誓为祖国尽一份力。

周培源先生心向祖国，面对美国方面的高薪诱惑，他仍然以全部热情投入到祖国的怀抱。

此外，周培源先生热心投入民主事业。1952年，周培源在北京大学领导创办了中国第一个力学专业，即北京大学数学力学系力学专业，还领导建造了北京大学直径2.25米的三元低速风洞。他相继任北京大学教授、教务长、副校长、校长、党委副书记。在北大工作期间，他在北大燕南园56号楼一住就是30年，他除了在家里讲民主，在工作中也同样重视民主。

另外，周培源先生的积极心态还体现在教书育人方面。周先生教书教了一辈子，在做学术研究的过程中，他从不糊弄了事。了解周培源先生的人都知道，他每次讲课都会用新的提纲。有的老师讲一个课程的次数多了，内容就滚瓜烂熟了，也就会一直沿用讲课提纲，最多可能会将提纲中一些要调整的地方进行修改。但是，周培源先生每次都会重新去做这些讲课提纲，由此可见他的良苦用心！

幸福可以是这样的——不悲过去，非贪未来，心系当下，由此安详。以积极的心态面对生活，心向阳光，生活就一定会带给你美好的感觉。

热心不是北大人与生俱来的品质，也不需要多高的才华，每一个人都可以拥有积极的心态。记住，如果你对生活、对他人热情，就一定会得到同样的回报，这样的人生才是幸福圆满的。

北大成功秘诀——积极生活的秘密

如果你以积极的心态看待世界，心中永远充满阳光与希望，即便在雾霾漫天的今日，你也绝不会失去信心。然而，如果你以消极的心态看待世界，那么即便是阳光明媚的日子，你也很难快乐起来。

对于北大人来说，即便生活再艰难，他们也永远心向阳光，永远看得见希望。想知道他们是怎么做的吗？下面就是北大人的做法：

1.用积极和感恩的心面对生活中遇到的每一个人

不仅要感谢你的家人、朋友、同学，也要学会感谢生活中遇到的每一个人、每一个微笑，这样就能彼此产生好感。对快递员说声“谢谢”；把你将随手丢弃的饮料瓶递给需要它们的大爷大妈手中；每天做一件善事，利用空闲时间去当义工……时间久了，你会发现人生充满了正能量，你的生活也会充满阳光。

2.花时间梳理自己的生活，抛开陈旧的一切

别在整日的忙碌中失去自我，把那些陈旧的、腐朽的、消极的能量通通找出来，然后打包扔掉！这是新生活的开始，一切负面能量都将被剔除在你的生活之外，给你的生活注入新鲜积极的正能量。在新年来临之际，或是生命中一段新的旅程开始之前，把那些你不再用的、不再听的、不再看的、不再穿的，全部都处理掉，送给朋友、亲戚，或者捐赠给慈善团体，这样既不会浪费，又能让别人从中受益。

3.每天给自己一个目标，让生活充满新奇与希望

每天一个目标，不必是远大而难以完成的计划，也不必是那种需要花费你很多时间和金钱的计划。你可以去健身，或者看一场电影，读完一本书的某一章节，或是去一个不太远的地方散心，说不定会勾起你很多美好的回忆。总之，做一些能够放松你，并且让你远离那些枯燥的日常工作的事情。

4.规划时间，完成一些比较实际的事情

规划时间有利于提高你的工作效率，这是积极人生所不能缺少的。放弃那些不切合实际的目标吧，它们只会把你重新带入消极与失败的境地。因此，确保每天完成一些简单却有实际意义的事情，比如背几十个单词，进行30分钟锻炼，或了解一种新的软件。当一天结束，你完成计划时，要给自己一个小小的鼓励，尤其是对那些看起来并不是能轻易完成的任务。

5.像孩子一样去看这个世界

成人的世界有太多烦恼，我们都不再单纯，然而这又是谁的错呢？既然无法避免成熟，那么偶尔却可以像孩子一样，用他们的眼光去看世界，去儿时妈妈带自己玩耍的公园，脱下鞋子袜子走在松软的草地上，享受这份沉静与美好。

【北大考考你】

在数学课堂上，北大教授提出了一个很简单的思考题：“有一只羊，一年吃了草地上一半的草。那么，它把草全部吃光需要多少年？”

学生们都无语了，觉得这压根就是小学生的问题。

那么，你觉得羊要多久才能把草地上的草吃完？

答案是，羊永远不会把草吃光，因为草会不断生长。就像人生，我们永远盘算着自己手中有多少资源，殊不知我们每走一步，新的资源也会应运而生。只要我们有积极向上的步履，资源是永远用不完的。

去努力：不努力一定不会成功

我们缺少的不是机遇，而是对机遇的把握；我们欠缺的不是财富，而是创造财富的本领；我们缺乏的不是知识，而是学而不厌的态度；我们缺少的不是理想，而是身体力行的实践。

——北大人箴言

上天永远不会遗忘一个拼命付出的人，即便你的天赋有限，你也可以用汗水换来属于你的机会。

假设一个普通学生每天晚上十点睡觉，一个尖子生每天晚上十二点睡觉，那么如果一个立志上北大的学生每天凌晨四点半还没休息，这里面的差距已经十分明显，这其中数小时的差距往往决定了今后的一生。苦一时，还是苦一世，你自己选择。

有这样一句话说得好，如果你努力了，不一定能够成功。但如果你不够努力，就一定不会成功。如果你想成功，那么也像下面的北大人一样，从现在开始就着手去做吧！

在北京大学，有许多协会，但其中一个叫作“北京大学起床协会”的组织有着颇高的人气，协会的成员还在不断壮大。这是一个什么样的组织呢？其实，这个组织是一位北大2011级本科生胡孝楠发起并创建的，目的是实现早起床、吃早饭、打早卡，因为现在的学生太懒了，太喜欢睡懒觉了。

曾几何时，胡孝楠经常睡到中午才起床。一天他躺在床上，看着外面晴朗的天空，想到早上宝贵的时间就这样浪费了，很不甘心。于是，他在“人人网”上创立了“北京大学起床协会”的主页，想将那些起床困难户给集合起来，通过相互间的督促传递一种正能量，从而达到互助的目的。主页一发布，立即获得了许多人的响应。

在主页公布的第二天，胡教楠打开页面，发现关注者达到了上千人，出乎他的意料。之后，在北大的学一食堂，21名北大人来跟她会合，并且在信纸上签下了自己的名字，正式成了起床协会的一员；同时也开始了他们为了不再懒床，坚持早起的努力。

我们都知道，一个习惯如果养成了，再想改过来需要付出很大的努力。北京起床协会经过发展，已经有了固定的成员。其实，成员间并不是每天都会用短信、电话互相叫起床的，时间久了，就完全靠每个人的自觉了。

起床难的经历可能大家都有过，要做到早起不懒床很不容易。知道了这个起床协会后，一位北大的学长说，他在26岁上北大的时候，4年的大学时光几乎能够做到每天六点半起床。因为早起之后可以晨读、自习，这样就能够跟上学习的步伐了。当然，这位北大学长的发展也是不错的，从而也让我们明白这样一个道理，你想拥有怎样的未来，就要付出怎样的努力。

为了能够让大家早起，吸引更多的会员，起床协会的成员还在做着诸多努力。例如，一款由数学学院学生小熊设计的游戏《本座倒要看看你能活几天》，就是他们想到的一个举措。这款游戏的内容是每天出一道数学题，如果没能回答正确，游戏人物就会直接死亡。另外，一款由胡孝楠开发的《是文科生就杀了那个狗皇帝》游戏，励志度也是有过之而无不及。因为这样的活动，吸引到了越来越多的会员，这是对起床协会人员努力的最好回报。

同时，因为起床协会的队伍越来越庞大，游戏的知名度也越来越大了。甚至有知名的游戏厂商想要小熊去他们公司参加游戏设计与制作。

胡适先生曾经说过："天下没有白费的努力"！这句话很好地诠释了努力的含义。假如你的每一天是被梦想叫醒的，而不是被桌头那机械的闹钟叫醒的，那么请相信，你的生活会越来越好。

一个人如果没有梦想，那么就会像行尸走肉一般。这绝对不会是我们想要的生活。如果你还没有一个清晰的梦想，那么从现在开始，请努力寻找！因为只有拥有了梦想，才不会在人生旅途中迷失方向。

当然，努力并不是嘴上说说就够了，需要付诸实际行动。对于所有立志考入北大的孩子们，你们的凌晨四点半又在干什么呢？

北大成功秘诀——意志的力量

北大人之所以能在进入社会之后取得成功，很重要的一点应归结于他们超强的意志力。在其他条件相差无几时，意志坚定者才能赢得最终的胜利。想知道他们是如何培养超强意志力的吗？看看下面的方法吧：

1.明确目标，付诸行动

普罗斯教授曾经做过一项调查研究，发现社会上那些成功人士都是拥有明确目标，且将这些目标持续不断地付诸实践的人。所以，北大人经常告诫自己，不要说空洞的话，例如："我打算多进行一些体育锻炼"或"我计划多读一点书"。而应该具体、明确地表示"我打算每天早晨步行45分钟"，或"我计划每周一、三、五的晚上读一个小时的书"。将空洞的目标具体化，继而再去付诸实践，那么成功就会变得简单很多了。？

2.积极主动克服惰性

每个人都会犯懒，因为惰性是人类的天性。北大人深知，只有克服惰性心理，才能更加接近目标。

在美国的东海岸有一位生意人，因为生意繁忙又恼人，他经常喝很多酒，这样虽然可以起到放松的目的，但却容易使人昏昏欲睡。有一天，他意识到借酒消愁等于浪费时光，于是决定不再贪杯，而是把更多的时间用于儿女身上。那么他是怎么克服嗜酒习惯的呢？答案是，他一心想着自己的女儿，想着怎么才能让她过上好日子。越这样想，干劲越大，渐渐地，他改掉了借酒消愁的习惯。

无论学习还是工作，积极主动的态度更容易将懒惰的毛病改掉，提升意志力。因此，北大人经常会全身心地投入目标，对任何事都采取积极的态度，超强的意志力就是这样形成的。

3.下定决心

美国罗得艾兰大学心理学教授詹姆斯·普罗斯把实现某种转变分为了四步：抵制——不愿意转变；考虑——权衡转变的得失；行动——培养意志力来实现转变；坚持——用意志力来保持转变。

为了下定决心，可以给目标设定期限，在某一时间段务必完成某项任务。在这个过程中，你的意志力将得到有效提升。

4.坚定信念

人活着需要有信仰，精神力量才是支撑一个人的最根本力量。法国17世纪著名将领图朗瓦以身先士卒闻名，每次打仗都站在队伍的最前面。难道他不怕吗？“虽然我的行动看上去像一个勇敢的人，但其实自始至终我都害怕极了。然而始终有一种精神支撑着我，让我永远向前。”他回答说。

【北大考考你】

从前，有一位名医。有一次，一位突然造访的贵族问了名医一个问题：“你们家兄弟三人都精于医术，但是到底哪一位医术最好呢？

名医说：“我的长兄医术最好，二哥次之，我最差。”

贵族就奇怪了，三弟的医术明明是最有名的，他怎么还如此谦虚？于是贵族再问：“那为什么最出名的是你呢？”

你猜这是为什么？

名医说：“我大哥主攻预防，在病人的病情还没发作之前，大哥就会教他养生食疗，防止病情发作，所以大哥的医术是最好的。而二哥医术也很好，在病人稍微有发病症状的时候，我二哥就能发现，并深入治疗，使病人发病之初就得到治愈。而我呢，医术是好，但我是擅长大手术，总是能拯救病入膏肓的人，所以我有名气，可是这时候，病人已经是血气大伤了。”

事实就是这样，事后控制比不上事中控制，而事中控制又比不上事前控制。

守信用：说到做到，信守承诺

人生就像弈棋，一步失误，全盘皆输，这是令人悲哀之事；而且人生有时还不如弈棋，不可能再来一局，也不能悔棋。

——北大人箴言

一个人的信用就像一张身份证，不讲信用的人，生活或工作都会变得一团糟。这就好像信用卡在使用过程中，如果你不能遵守与银行间的信用，那么就一定会影响到以后的贷款等事宜，甚至可能会影响到买车、买房等事情。由此可见，信用是多么重要，我们应该倍加去珍惜。

信用之事，小到日常的一个承诺或者更微小的事情。如果你跟他人间有了承诺，又没办法做到的话，以后又让别人怎么去相信你呢？

高明曾经是北大的学生，但是因为到了该服兵役的时候，他果断选择休学去参军。来到部队后，高明在部队中用优异的表现以及对技战术的掌握，兑现了一个北大人所具有的“天才”般的才能。

因为只是暂时休学，所以他依然是北大的一员。他用杰出的表现，展现了北大人的优秀品质。毕竟，能响应国家号召，成为大学生参军的一个榜样，这是他与国家的一份约定，从这里就能看出，他是一个守信用的人！

那么，作为代表和榜样，这个北大人在部队的表现究竟优秀在何处呢？因为高明被安排到的是导弹部队，而导弹部队的人员需要有很强的技术性，所以他需要去学习很多新的知识与技能。而身为北大的高才生，这些根本难不倒他。

在部队训练的间隙，高明对导弹教材中表述有差别的地方进行了订正，几本导弹教材下来，他写的订正材料达到了两万字。当高明将材料交给少将时，少将大惊，并立即拿到装备部去，让一位副总工程师进行了专业性的鉴定。这位工程师在看过之后，对于高明提出的订正给予了很高的评价。

高明是北京大学光华管理学院大三的学生，如果不去参军，他很快就能完成自己的学习任务，顺利毕业。但是，如今穿梭于军营的他，同样要用自己的方式去遵守军人特有的那一份信用。经过一年多的训练，高明成了部队的“标志”，因为他代表了北京大学，也反映出现代军队对现代化专业人才的迫切需要。

生活中，我们会做出许多承诺，如果你连答应别人的事都做不到，失信于人，又有什么理由让别人再一次地相信你呢？所以，如果是自己承诺过的，就一定要做到，做不到的事，绝不轻易承诺。因为，这一切关系到每个人的信用问题。

为了避免出现失信于人的情况，北大人在与人交往过程中，对于自己的言行非常谨慎，他们不会承诺一些能力之外的事情。有时，我们可能会因为别人的恳求而不忍心去拒绝，但是你该仔细考虑，如果勉强答应，到时候却无能为力，那么会给别人造成更大的伤害。

北大成功秘诀——信守承诺

信守承诺听起来是一件很简单的事，但现实生活中却有很多人做不到。在北大人眼中，做不到的事情绝不会轻易承诺；一旦做出承诺，无论多么艰辛，都一定会完成。

说到做到并非易事，让我们看看北大人是如何做的吧。

1.不失信于人

北大人从不失信于人，哪怕只有一次，他们都害怕从此失去他人信任。因此，凡是答应别人的事情，他们一定会做到言出必行。

2.绝不爽约

如今，约会迟到的现象早已屡见不鲜，但这在北大人身上却很少出现。在他们看来，这是信用的体现，既然答应了几点几时几分在哪里出现，就一定要在约定的时间赶过去。

3.慎重承诺

因为害怕失信于人，北大人绝不会信口承诺一些力所不及的事。他们在做出承诺之前，一定会再三权衡，三思而后行。当他们确定自己能够做到某件事的时候，才会向对方做出承诺。

4.让说到做到成为一种习惯

在北大人看来，答应别人的事就要兑现，如果经过再三努力仍没有做到，那是因为在做出承诺之前没有考虑充分。因此，对于没有把握的事情不做承诺，对比较有把握做到的，也应留有余地，不要大包大揽。当说到做到成为一种习惯，诚信的品质也就养成了。

【北大考考你】

在北大医学院的课堂上，教授正在和学生们上药理课程。上着上着，教授问了大家一个问题："有一种药店买不到的药，但大家又都很需要它，这是什么药?"

学生们稍稍想了一下，就给出了教授满意的答案。

你猜答案是什么?

答案就是：后悔药。

这是个很简单的脑筋急转弯。不过，让学生明白不吃后悔药的道理，才是教授的本意。很多时候，我们在生活和工作中总是会不经意做出一些让自己后悔的事情，如果想不吃后悔药，最根本的办法就是预防——学会深思熟虑，学会三思而后行。

勤思考：思考闪现智慧之光

照片是可以修片的，但是智慧是没有办法修片的。

——北大人箴言

思考是一种习惯，懒惰也是一种习惯，有些学生遇到难题习惯于主动思考，而有些学生则习惯于等待答案。是的，总会有人说出答案，为什么你不能成为第一个想出答案的人呢?

当老师在课堂上提出一个问题，如果不善思考的学生，只会瞪大双眼等着听答案，那么下一次在遇到同样的问题，依然得不出答案。

在北大有一位院士，叫姜伯驹，已经70岁高龄的他仍然在北大讲课，可以算是桃李满天下的一位老教授。除了工作中兢兢业业，姜伯驹院士也是一位勤于思考的人，这一点通过他在课堂上的表现就能看出。正是因为勤于思考的教学方式，让他成为了北大数学科学院最受欢迎的老师之一。

如果你有机会去听姜伯驹院士的课，就会发现他在讲课时有一个特点：将枯燥的数学概念交代得清清楚楚，让学生听得明明白白。同时他还不忘通过一些有意思的问题，激发学生去深入思考。最终，达到对内容有一个全面认知，并能够融会贯通的效果。

除此之外，姜伯驹院士在教学过程中还有一个特点——会亲自批改学生的作业。作为一名院士，姜伯驹先生这样的做法简直让人不可思议。但是他知道，只有这样才能更好、更全面地去了解学生，从而发现学生掌握知识过程中的一些共性问题，才有机会能够从这些反馈中对以后的教学内容进行调整或者改进。这样的事情，姜先生五十年如一日地坚持着。

通过上面的这两件小事，可以发现姜伯驹先生勤于思考的习惯。可是，这只是冰山一角。姜院士对教材的融会贯通以及对学生采取因材施教的方法，同样离不开缜密的思维。

姜伯驹先生在北京大学一教就是五十余载，在讲课的时候思路特别清晰，从来不照本宣科。姜伯驹院士告诉身边人以及他的学生们，数学能够训练出其他学科所需要的清晰思维能力，经常鼓励大家勤思考。

在姜院士的办公室，最显眼的装饰要属挂在墙上的黑板。这是为了学生到办公室向他请教问题时，方便在上面解题而设立的。之所以设立这块黑板，不仅是为了帮助学生解答问题，也因为学生的问题能够引起他的思索，在互动过程中，自己也会学到很多新知识，想到很多新问题，还能够带给他教学和科研方面的灵感。

通过思考，我们能想通很多问题。但是，如果你不去思考，就只能钻入"死胡同"。每个人的思维里都有一堵墙，谁能率先拆掉思维里的墙，谁就能更早一步接近成功，而靠的就是勤于思考的习惯。如果你也想像北大人一样优秀，那么培养勤于思考的习惯是非常必要的。

不过，在思考过程中，别忘了要与行动相结合。因为有的时候，即便你想得再明白，如果不去付诸实践，结果仍将是一无所获。

思考已经成为每一位北大人的习惯，他们不断思考，不断进步，从而比他人更早一步成功。作为一个普通人，要想让自己变得越来越强大，要想能够在工作中独当一面，就应该像北大人那样去思考，去进步，勇敢接受生活中的一切挑战。

在北大，有这样一群人，他们被称为"游走于北大的边缘人"。很多人刚听到这个词时感到很奇怪，其实这就是指为数不少的在北大校园的"游学生"。他们不是北大注册在校的大学生，但他们却一直在努力寻求进步，未来可能会是北大的研究生或是夜大学生。总之，他们正在向着成为北大正式成员努力。因此，他们成了北大"边缘人"，但他们从未停止思考，从未停止进步，为的就是考入北大。

这群边缘人为了更进一步，每天都在付出艰辛的努力，每天都迸发出强烈的进取精神。大家都知道，考研不是一件容易的事，为了考研需要提升、进步的地方有很多。

那么，这些北大边缘人又是怎么做的呢？有一位名叫毕竟悦的北大法学院硕士，用他自己的亲身经历告诉了我们该如何更进一步。毕竟悦在上研究生之前，是一位首都师范大学的本科在读学生。因为心中早有了对北大的向往，读本科的时候，毕竟悦就开始了到北大校园听课的行动。

因为首都师范大学离北京大学有一段距离，毕竟悦每天在结束首师大的课程之后，就骑车赶往北大听课。由于时间紧，很多时候连饭都来不及吃。

皇天不负苦心人，在无数个早起、无数个日出日落之后，毕竟悦成功考取了北京大学，圆了自己的一个梦。现在回想起来，他依然会感慨万千。

毕竟悦的成功与他的辛勤努力是分不开的，而其中最关键的原因是他勤于思考。他把更多的时间用在了弥补弱项方面，找到了突破关键问题的方法，从而使成绩突飞猛进，最终考取了北大研究生。

试想一下，碌碌无为的人生是多么令人可悲。对于北大人来说，一天没有取得进步，就是停滞不前，就会被同学们超越，这是不可接受的。没有进步，也就意味着没有成长。

在北大，像毕竟悦这样的边缘人有很多。他们对自己严格要求，不断思考，从而不断进步，相信他们的人生一定会越来越成功。

北大成功秘诀——思考闪现智慧之光

现代社会，什么最重要？人才。

人才哪项技能最重要？思考力。

北大人无时无刻不闪现出智慧之光，因为善于思考，无论多难的题，他们都能算出答案。

据说在美国内布拉斯加州有一个农民，平时以种植玉米为生，每天的工作很辛苦，年复一年地在庄稼地里埋头苦干。但多少年过去了，每年的收入还是那么一点，生活也没有什么变化。

种玉米，卖玉米，再种玉米，再卖玉米。几十年来，这个农户重复着一样的工作，拿着微薄的收入。然而，他并不甘心一辈子就这样，他也想成为富翁，也曾幻想金黄色的玉米有朝一日变为金灿灿的黄金。

于是，这个美国农民开始了学习和思考，上网查阅相关资料。有一天，他在网上看到了一则消息：德国和日本生产出了燃烧乙醇的汽车。由于专业知识的积累，他知道玉米含有乙醇，是可再生能源。于是，他产生了用玉米提炼乙醇的念头。他认为，随着世界石油资源的逐年减少，人们迫切需要一种新的能源。

想到这里，这个美国农民兴奋不已，然而他意识到自己的力量有限，于是联系周围的其他农民，希望大家联合起来致富。要知道，这里面的蕴藏着无限商机。但是，很多农民听了他的想法之后都觉得他疯了——简直是天方夜谭，科学家都没能研究出来的问题，能让你一个农民给琢磨出来？大家就当听了个笑话，没人当真。

他发现其他农民根本听不懂他的话，于是改变思路，找懂行的人谈。之后，他联系了一家科研机构商谈合作事宜，机构负责人对他的想法非常感兴趣。于是，由科研机构出资，这位农民作为负责人，双方共同成立了一家能源公司。不久之后，这家公司按照农民的思路，真的从玉米中提炼出乙醇，并生产出了乙醇汽油。

乙醇汽油是一种由粮食及各种植物纤维加工成的燃料乙醇和普通汽油按一定比例混配形成的新型替代能源。乙醇属于可再生能源，是由高粱、玉米薯类等经过发酵而制得。它不会影响汽车的行驶性能，还能减少有害气体的排放量。乙醇汽油作为一种新型清洁燃料，是目前世界上可再生能源的发展重点。由于美国是石油消费大国，乙醇汽油的发明与使用，能够有效降低环境污染以及美国对外国石油的依赖。因此，用玉米提炼乙醇将成为解决美国能源饥渴的新方法之一。

据说，这位美国农民不仅从此致富，还因为其创新精神被《时代周刊》评选为当年最具影响力的人物之一。

只要善于思考，谁都能成为时代精英，让我们看看北大人是如何培养思考力的吧。

1.学习思维方法

方法不对，努力白费。培养思考力，关键在于找对思维方法。北大人一般会买几本有关思维方法的好书，从中寻找适合自己的方法。在北大人看来，即便拥有较强的思维能力，如果长期不注意学习思维方法或少用脑，思维能力也会很快退化。所以，他们常抽出一些时间学习思维方法，以不断巩固和提高思维能力。

2.实践出真知

世界上最有智慧的人不是学霸，而是社会实践经验丰富的人。多一些实践，就多一些感悟，对提高思考力很有帮助。

3.培养良好的思考习惯

一旦掌握了良好的思维习惯，遇到难题就不会手忙脚乱。培养良好的思维习惯并非一朝一夕之事，但是长期坚持，一定会收获不错的效果。

【北大考考你】

在一次的战斗中，将军敏锐地发现一架敌机正朝着他们所在的阵地快速俯冲下来。按理说，发现敌机俯冲下来，将军应该毫不犹豫地卧倒，避免自己受到攻击。可将军没有这样做，因为他发现距离自己十米左右的地方，有一位小战士愣在那里，来不及反应。于是将军不顾自己的安危，冲过去把小战士扑倒在地。

你猜，最后这位将军有无受伤?

最后，将军和小战士都没事，他们随着一声巨响，一起倒在地上。可是当将军回过神来的时候，却发现自己一开始所在的位置被炸成了一个大坑。

人生就是这样，在帮助别人的时候，往往也是在帮助自己。

会尊重：尊重他人，尊重自己

多去理解尊重别人，常怀宽容感激之心，宽容是一种美德，是一种智慧。海纳百川是多么广阔，感激你的朋友，是他们给了你帮助；感激你的敌人，是他们是让你变得坚强。

——北大人箴言

尊重别人就是尊重自己，相信这个道理大家都懂。但是，要怎样去尊重，具体该怎么做，下面的故事将会给你答案。

出生于1891年的胡适先生，也与北京大学有着颇深的渊源。他先是在1917年从国外留学回来后到了北大担任教授之职，后来还在北大担任过校长之职。就是这样一位优秀的北大人，并没有一点自高自大的表现，反而秉承着尊重他人的美德。正是因为懂得尊重，胡适收获了幸福的婚姻。出生于上海的胡适先生，在当时的婚姻制度下，奉父母之命、媒妁之言，在12岁的时候就订下了亲事。在合过八字之后，胡适先生与当时的外江村一位比他大一岁，并且缠过足的姑娘江冬秀订婚了。当时，胡适先生并不同意这门亲事，在1908年家人催促他回家结婚之时，他还写信给母亲，拒绝了回家完婚的要求。但是，即使在这样的情况下，他仍然保有了尊重的美德，并未做出什么过分的事。

因为“不忍伤几个人的心”，他最终没有推掉这门婚事，也决定先通过书信沟通、了解与认识来增进彼此间的感情。他想尊重江冬秀，于是就鼓励江冬秀识字，用可以在她识字之后，用更多地沟通来说服她，同时也能让江冬秀将缠足给放开。这样的举动在当时那个年代，可以说是很前卫的。

但是当胡适先生发现，识字这样的文化要求对江冬秀来说应该是出于自愿才好，就不再勉强了。可江冬秀依然坚持着勤能补拙的想法，坚持着去读书识字，因为她体会到了胡适先生的那一份用心。然后，通过书信的方式，也拉近了他俩的距离。

从订婚到结婚的十五年间，胡适先生和江冬秀一直没有见过面，沟通交流也是通过书信进行的。因为本着彼此尊重的意识，他们终于决定结婚了。婚后胡适先生对于妻子也是尊重有加，他一生从一而终认定了江冬秀这一位妻子。胡适先生是优秀的，自然会吸引不少女性，但是胡适先生在公开场合一直声称惧内。

"久而敬之这句话，也可以作夫妇相处的格言。所谓敬，就是尊重。尊重对方的人格，才有永久的幸福。"这是胡适先生同秘书讲过的话，其中非常明确地表达了胡适先生的那一份尊重的心意。

胡适先生对中国旧式婚姻制度的看法，很好地体现了被尊重的诉求。"中国旧式夫妻间的爱是名分造就的，它产生于婚后，产生在彼此各让五十步、相互妥协磨合的过程中。"这是胡适先生的看法，体现了一种尊重的存在。

除此之外，胡适先生还是一位白话文和新诗的倡导者。白话文运动的发起对文化的推动起到了一定的作用。他在进行这些文化的发展过程中，用自己的行动告诉了人们对于不同的文体（比如白话文）应该保有的一种尊重，也用自己的这种实际行动表达了被尊重的诉求。

生活中我们可能会碰到一些让自己反感的人或事，但是你总不能让他们消失吧！即使可以将事情解决，反感的人也未必会遂你心愿离开你的生活圈子。这时候，我们就需要拿出尊重的态度，这样才能感动对方，从而赢得对方的尊重，使生活免受影响。

试想，原来有矛盾的两个人，如果没有那种彼此尊重，再见面了只会一味争吵，这样不但解决不了任何问题，也可能会让原有生活被打乱。相信这一定不会是我们所想要的生活状态。

每一位北大人都懂得尊重的重要性，由于受过良好的教育，北大人都具备很高的素养，尊重他人的意识早已烙印在了心中。因为懂得尊重他人，也让他们受到了别人的敬仰，同时感受到了切实的利益。毕竟，人们都喜欢与有礼貌的人在一起。

北大成功秘诀——自我尊重

尊重他人就是尊重自己，所有人都很清楚这一点。而北大人的聪明之处就在于，他们懂得自我尊重。先从一个小故事说起：

爱尔兰著名作家、诺贝尔文学奖获得者萧伯纳，曾经在出访苏联期间和一个活泼可爱的小女孩聊天，并陪她玩了很长时间。临走时，萧伯纳对小女孩说道："回家后告诉你的家人，今天陪你玩的是大名鼎鼎的萧伯纳。"小女孩看了他一眼，然后一本正经地说道："回去告诉你的家人，今天和你玩的小女孩是苏联最美丽的女孩喀秋莎。"听完小女孩的话，萧伯纳大为震惊，这件事让他一直铭记在心，决心今后一定要尊重他人。

自以为是的人一定会受到严厉的教训，就像故事中的萧伯纳一样。北大人在中国可谓超一流的人才，但他们非常懂得自我尊重的重要性，绝不会在他人面前卖弄学识，也因此得到了人们的尊重。

下面是北大人非常推崇的美国作家贝蒂·扬斯，在《自我尊重的六个关键要素》中写到的自我尊重六要素，它们可以增加或减弱我们生活的活力：

·生理上的安全感——远离对身体的伤害；

·情感上的安全感——没有恐惧；

·自我认同感——关于"我是谁"的疑问；

·归属感——归属的感觉；

·胜任感——胜任的感觉；

·使命感——感到一个人的生活有意义和方向。

一个人必须先学会尊重自己，才能更好地尊重他人，从而赢得他人的尊重。

【北大考考你】

很久以前，有两姐妹各自带着一只行李箱出远门。一路上，重重的行李箱将姐妹俩都压得喘不过气来。她们只好左手累了换右手，右手累了又换左手。忽然，姐姐停了下来，在路边买了一根扁担，将两个行李箱一左一右挂在扁担上。她和妹妹接力挑担上路，两个人都觉得轻松了很多。

为什么一个扛两个箱子，会比一个人提一个箱子还轻松呢？

这是因为扁担的存在，让箱子从手臂移到了承重力更大的肩膀上。而且与妹妹的接力，让两人都可以得到充分的休息。

人生就是这样，在我们人生的路上，总是会遇到各种各样的困难。一旦遇到困难，一个人蛮干，不如找人一起分担。有时候搬开别人脚下的绊脚石，其实是在为自己铺路。

第十章
北大学子成功的终极秘诀

学习：多看一点书

通过读书，我们不仅能够掌握一定的专业技能，更重要的是能够解决自己面临的各种各样的人生问题。人终其一生，无非就是在不断探知自己的人生到底应当有什么样的意义而已。

——北大人箴言

通过分析与了解北大人，我们会发现他们之间的共同点，那就是北京大学对这群天之骄子的影响。从精神层面到生活习惯，北大的精神和北大的文化底蕴在潜移默化中改变着他们。

北大精神带给他们最大的改变莫过于读书，这也是他们最终成为社会精英的成功秘诀之一。现在，社会上很多人都认为读书无用，北大人却用实际行动证明了他们的无知。

北大人爱学习、爱读书已经成为一种习惯，始终不渝。学习已经成为北大人的人生信条，深植于骨髓之中。试想，如果你不去学习，又何以掌握知识，再往深远说，又何以去提升自己呢？北大人之所以能够成功，与他们爱学习、爱读书的习惯是分不开的。

其实自我们懂事以来，学习就已经成了生活的一部分，只不过我们是将上学读书当成了一种任务，在父母望子成龙、盼女成凤的思想下被动地学习着。随着不断成长，每个人对于学习的态度发生了很大转变，少数人将学习当作一种信仰，就像出类拔萃的北大学子，结果他们的命运也变得如此不同，成为最优秀的一群人。

活到老，学到老。在毕业进入社会后，随着竞争压力与日俱增，促使每个人不断地去学习，更新自身知识，以适应现代职场的要求。比如，许多新的技术技能需要通过学习掌握，这样才能不被这个社会所淘汰。而很多人在告别学校之后总是仰天长叹，终于结束了痛苦的学习生涯，殊不知，他们已经开启了一段更为悲催的职业生涯。

不读书，就无法掌握新技术、新知识，跟不上社会发展速度，适应不了现代职场的要求，那么成功也就无从谈起。

学习是一种信仰，读书是一生的习惯，深植于每一个北大人的骨髓之中。

黄侃，著名学者，1914年毕业后分别在北京大学等多所知名高校任教。黄侃在北大主讲国学，他是一位非常喜欢读书的学者，有一件被大家津津乐道的事，就发生在他在北大任教期间。

当时的黄侃先生住在北京，具体地点是位于白庙胡同一个叫大同公寓的地方。作为一名国学大师，他把许多时间都用在了“国学”研究上面，用心的程度在当时无人能比。为了做研究，黄侃先生几乎不出门，饿了就用馒头蘸辣椒、酱油等作料对付一口。黄侃先生选择这样解决吃饭问题，就是想有多点时间看书，他不想浪费一点时间。

一次，黄侃先生同平常一样，一边吃着馒头，一边看着书，因为看得入迷了，竟然把馒头伸进了放着砚台、朱砂的盒子里。接着，他看也没看，就将馒头放到了嘴里……

就这样，黄侃先生将那个蘸着墨汁、朱砂的馒头啃着吃了，整个脸也变成了舞台上戏剧演员一样的“大花脸”。但是因为一心专注于读书，黄侃先生并未察觉这一切，直到一位朋友前来，看着黄侃先生的脸忍不住笑了起来，他才意识到。

故事中的黄侃先生痴迷于学习、痴迷于读书的精神，体现在了每一位北大人的身上。试想，如果我们都能像他们那样读书学习，北大就再也不是梦想。

在未名湖畔，你会经常看到沉浸在书海中的北大学子，他们手捧书卷，仿佛周围的一切都跟他们没有关系。如果有时间，真的应该亲自去体会一下北大校园的人文精神，感受未名湖畔那醉人的读书氛围，说不定你也会从此爱上读书。

如果你能够做到像黄侃先生这样，全身心投入到书本之中，你的学习成绩一定会有所提升。一旦读书成为一种习惯，你的人生也将因此受益匪浅。

黄侃先生说过："今生未必重相见，遥计他生，谁信他生？飘渺缠绵一种情。当时留恋成何济？知有飘零，毕竟飘零，便是飘零也感卿。"学问做到这样的地步，实乃人生大幸啊。

那些志在北大的孩子们，在多少个月明星稀的夜里，在多少个凌晨四点半，依旧发奋苦读，他们很清楚，天才与普通人的差距就在这一刻被拉开了。

当然，这里想提醒大家的是，爱学习也要讲究方法。如果你只是"死读书"，也就失去了学习的意义，降低了读书的效率。假如你能够比别人花更多的时间用在读书上，同时又能够采用行之有效的学习方法，你的成绩势必会得到提高。

北大成功秘诀——名人谈读书

读书使人明智，当这个社会上的很多人都在嘲笑书呆子的时候，却根本没有发现自己的无知。从来没有一个北大人是不爱读书的，因为他们很清楚"书中自有黄金屋"的道理。

让我们看看名人是怎么看待读书这件事的吧：

1. 培根·读书使人充实

读书使人充实，讨论使人机智，笔记使人准确。因此不常做笔记者须记忆力特强，不常讨论者须天生聪颖，不常读书者须欺世有术，始能无知而显有知。读史使人明智，读诗使人灵秀，数学使人周密，科学使人深刻，伦理学使人庄重，逻辑修辞之学使人善辩：凡有所学，皆成性格。人的才智一旦遇到窒碍，读书则可使之顺畅。如智力不集中，可令读数学，因演题须全神贯注，稍有分散即须重演；如不能辨异，可令读经院哲学，因为这些人皆吹毛求疵之人；如不善求同，不善以一物阐证另一物，可令读律师之案卷。如此头脑中凡有缺陷，皆有特药可医。

2. 毛姆·为乐趣而读书

许多在文学史上占有重要地位的著作，如今除了给专门研究的学者之外，并不需要每个人都去读。生活在繁忙的现代，很少有人有时间博览群书，除非是与他们有关的书籍。

不论学者们对一本书的评价如何，纵然他们众口一致地加以称赞，如果它不能引起你的兴趣，对你而言，仍然毫无作用。别忘了批评家也会犯错误，批评史上许多大错往往出自著名批评家之手。你正在阅读的书，对于你的意义，只有你自己才是最好的裁判。每个人的看法都不会与别人相同，最多只有某种程度的相似而已。如果认为这些对我具有重大意义的书，也该丝毫不差地对你具有同样的意义，那真毫无道理。虽然，阅读这些书使我更觉富足，没有读过这些书，我一定不会成为今天的我，但我们请求你，如果你读了之后觉得它们不合胃口，那么请就此搁下，除非你能真正享受它们，否则毫无用处。没有人必须尽义务地去读诗、小说或其他可归入纯文学之类的各种文学作品。他只能为乐趣而读，试问，谁能要求那使某人快乐的事物一定也要使别人觉得快乐呢？

3. 郭沫若·不要浅尝辄止

年轻人求知欲很旺，而忍耐性不足。即以读书而论，尚未开卷时，每有吞食全牛之概；然一遇困难，则不禁颓然而气馁。于是浅尝偷巧的习惯油然而生，在未用自己脑力去求理解之前，或先读别人的评论以自圆，或仅读一书的序言而了事。有的人更以其一知半解，从而道听途说。这是我们年轻人中最易传染的一种通病。

【北大考考你】

有个农夫拥有一流的种植技术，被人们尊称为“种植之王”。然而“种植之王”到了老年，却非常苦恼，因为他的儿子们种植技术都很差。

农夫说：“我不明白，我自己技术这么好，孩子们的技术却这么差？我明明把所有种植技术都传授给他们了，可是他们现在的技术还是那么差。”

一位路人听到他的诉苦，便问：“你一直在手把手地教他们吗？”

“是的，为了让他们得到一流的种植技术，我教得非常仔细。”

“那他们是独自种植，还是跟着你种植。”

“为了让他们少走弯路，他们一般随着我干活，很少自己干活的。”

路人听了农夫的话之后，便明白了，对他说：“这就是为什么你的儿子种植技术很烂的原因。”

你觉得为什么路人这么肯定呢?

其实，种植之王的儿子技术之所以差，那是因为他只传授给了孩子们种植技术，却没有给他们实践的机会。

人生在世，学多少不等于得到多少。我们必须懂得学以致用，人才能获取真正的进步，将知识转化成自己的能力。

珍惜：管理好时间

世界真的很小，好像一转身就不知道会遇见谁。世界真的很大，好像一转身，就不知道谁会消失。

——北大人箴言

时间是非常宝贵的，它可以帮助我们走向光明未来，也有可能让我们陷入万劫不复的深渊。人们常常这样形容时间的重要，像“时间如金钱”“时间如生命”等等。因此，对于时间，我们要倍加珍惜。那么，要怎样珍惜时间呢？在北大人看来，做好时间管理就是对时间最好的尊重。

如果没有管理好时间，也就意味着你没有很好地去珍惜时间，那么你的学习、工作和生活都会变得杂乱无章。想知道北大人是如何管理时间的吗？

2012年，北京大学本科新生总计人数达到3600人，而且这其中有20%是家庭困难的学生。为了让这些学生能够在北大安心学习，校方给这些困难学生每人发放了“爱心大礼包”。

之后，在绿色通道迎接学生的当时的校长周其凤，用自己的故事为大家上了到北大的第一堂意义非常深远的教育课。

在北大的这一堂迎新课上，当时的校长周其凤所分享的是当初自己怀揣四元钱上北大的故事。

周其凤出发来到北大报道的时候，下了火车身上只剩下四元钱了。从火车站到北大校园，又花去了三毛钱路费。到了学校，还要买饭盒，买这买那，最后连买饭票的钱都没了，只好跟同学们借。那样的时代，那样的生活状况，给周其凤留下了贫困的印记。

却也正是因为这一切的境遇，让他们这一代人更加珍惜来之不易的机会。

毕竟，在当时没有多少人能够考上大学，更不要说是北京大学了。在其他条件都相差无几，或者更差的情况下，周其凤如何才脱颖而出的呢？那是因为他很清楚，时间是最公平的，他要把别人睡觉的时间都用在学习上，这也是弥补差距的最好方法。

从此，珍惜时间成为周其凤的人生信条，为了来之不易的机会，他利用一切时间去努力学习，最终在激烈的竞争中脱颖而出，从而赢得了今日的一切。

周其凤现在是中国著名的化学家、教育家，长期从事高分子合成及液晶高分子领域的研究工作，是中国科学院院士，教授、博士生导师，还曾任吉林大学校长、北京大学校长。

这一切的荣誉都是周其凤凭借努力迎来的，原来，出人头地并不难，只要懂得珍惜时间就对了。

不仅是时间，我们已经拥有的一切都该珍惜。虽然时代变了，日子好了，但是我们更应该去珍惜眼前的一切，良好的学习条件，更多的机会，只要能够充分利用时间，就能够实现老一辈人没机会实现的成就。

有一种借口叫年轻，可以不珍惜时光，不珍惜爱情，不珍惜一切来之不易的东西。可是别忘了，你终有不再年轻的时候。与其到时后悔难过，为什么不从现在开始就好好珍惜生命中所拥有的，好好珍惜时间呢!

时间是这个世界上最公平的，生命短暂，要想在有限的生命中多做出一些成绩，就要学会珍惜。作为北大人，已经让珍惜时间的优秀品质成为一种习惯，这也是当你走在北大校园内，随处可见读书的学生的原因。在未名湖畔，在树荫之下，这些怀揣梦想的孩子在利用有限的生命，编织着一个美好的未来。

北大成功秘诀——时间的价值

这是一首北大学子很喜欢的英文诗《The Value of Time》（时间的价值），十分精彩，现摘录如下，与读者共勉。

To realize the value of ONE YEAR

想知道一整年的价值

ask the student who has failed a class

就去问失败重修的学生

To realize the value of ONE MONTH

想知道一个月的价值

ask a mother who gave birth to a premature baby

就去问曾经早产的母亲

To realize the value of ONE WEEK

想知道一个礼拜的价值

ask the editor of a weekly newspaper

就去问周报的编辑

To realize the value of ONE HOUR

想知道一个小时的价值

ask the lovers who are waiting to meet

就去问期待见面的恋人

To realize the value of ONE MINUTE

想知道一分钟的价值

ask a person who missed the train

就去问一个刚刚错过火车的旅人

To realize the value of ONE SECOND

想知道一秒钟的价值

ask a person who just avoided accident

就去问刚刚死里逃生的幸运儿

To realize the value of ONE MILLISECOND

想知道百分之一秒的价值

ask the person who won a silver medal in the Olympics

就去问错失奥运金牌的运动员

Treasure every moment that you have!

珍惜你所拥有的每一个瞬间

Yesterday is history. Tomorrow is mystery.

昨天已成为历史，明日却依然是谜。

Today is a gift.

今天是珍贵的礼物.

That´s why it is called present!!

那就是它为什么被称作“当下”的原因.

Show your friends how much you care...

让你的朋友知道你有多在乎他们...

【北大考考你】

一次课堂上，因为天下大雨，不少学生满身湿漉漉地进入教室，迟到了，北大教授没有对迟到的学生进行责罚，他倒是问了学生们一道简单的问题：如果今天是周末，你们不用上课，你醒来的时候，发现天空下着大雨，你会怎么做？答案有三种大致情况。要么，你会继续倒头大睡，毕竟下大雨也不想外出；或者你会在床上懒床一回，然后爬起来；又或者，你会按照自己的计划，该醒来的时候立马醒来，继续做事，不受大雨影响。

学生们的答案各异，有的说继续睡，有的说会按照原定计划进行，有的甚至说不管下雨与否，懒床的情况不时会出现。

其实，教授不是想调查学生们的懒床程度，他是想看看学生们的时间管理观念如何。

选择直接倒头大睡的同学，容易缺乏时间管理观念，出现拖延症，给自己不同的借口去虚耗光阴。

选择懒床一回再说的同学，在一定程度上意识到时间的重要性，但是，对时间的管理能力和自控能力还需要进一步加强。

选择不管三七二十一，无论下雨还是天晴都按照原定计划进行的同学，最有时间管理观念，只要逐步完善自我的时间管理方针，就能更好地保持自己珍惜时间、管理时间的良好习惯。

借力：多交几个朋友

也许你的生活并不富裕；也许你的工作不够好；也许你正处在困境中；也许你被情所弃。不论什么原因，请你在出门时，一定要把自己打扮得清清爽爽，漂漂亮亮，昂起头，挺起胸，面带微笑，从容自若地面对生活。只要你自己真正撑起来了，别人无论如何是压不垮你的，内心的强大才是真正的强大。

——北大人箴言

人脉的重要性，大家都懂。为什么学生们都想考进北京大学，不仅因为这里是中国最好的学府之一，不仅因为其师资力量优质，教学水平高。更重要的一点，因为这里聚集着全中国最有才华的一群人，在这些人当中，一定会有在未来改变中国乃至整个世界的人。跟他们做朋友的意义，不言而喻。

一个人的力量终究是有限的，如果能够多交一些朋友，交到一些可以信赖的朋友，在需要帮助的时候能够伸出援手，那么一定可以帮助自己更上一个台阶。所谓朋友多了路好走，就是这个道理。

世上本没有路，需要我们一条一条去建造；朋友也是如此，需要我们一点一点去积累。成就事业靠的是人脉，当你的朋友多了，路子也就宽了，机会也就多了，成功只是时间的问题。

作为一所一流的大学，北大有着一流人才，从走进北大的那一天起，他们就意识到人脉的重要性，因为这群人中说不定就有能够在未来改变世界的人。因此，北大学子非常注重人脉的积累，尤其是大学时期的友谊。作为青春散场前最美好的回忆，那么真切，那么令人难以忘怀。

朋友的作用尤其体现在创业方面，在如今的这个时代，大学生创业已经不是什么新鲜事了。

“阿基米米”公司就是由三位北大学生创立的电子商务网站，该公司主要经营体育、数码电子、化妆品等的销售业务，目前已经成功占领了校园市场。那么，这三位公司的创立者是谁呢？他们是来自北大光华管理学院的邢楠、朱名湖，以及北大计算机系的博士生王锐。正是这三个人相互协作，共同提升了阿基米米公司的竞争力。

其实，邢楠、朱名湖和王锐有着各自的专长，这才是他们能够相互借力，并走到一起的主要原因。邢楠因为担任过北大电子商务协会会长，所以对电子商务领域有着更多知识及相关技能方面的优势。

再看朱名湖，他曾经与邢楠一起参加过北大的创业竞赛，并且取得了不错的成绩，这也让他对创业更多了一份信心。同时，他们获得的北京市特等奖、全国创业大赛的铜奖就足以说明这个团队的了不起和实力之所在。

想要认识王锐，还得从他的专业说起，他是计算机系博士生，一个专业学到了这个高度，实力自不必说。同时，电子商务行业的特殊性使它与计算机有着密不可分的关联，所以王锐加入团队也就顺理成章了。王锐非常重视团队的力量，他说：从目前的环境来讲，一个人有再好的想法，成功也是很难的。要学会整合身边的资源，大家共同朝着一个目标往前走，才有机会成功。

公司成立了，团队成员也齐了，几个年轻人想把公司的营业额做到每年三四百万的规模，并且还想继续扩大。因为他们有一颗不服输的心，即使在这个深不可测的创业大环境下，他们也不会放弃，也想拥有一片属于自己的天地。从公司所起的“阿基米米”这个名字就可以看出，它来自阿基米德的“给我一个支点，我就能撬起地球”这句经典名言。他们想要改变世界，这不是痴人说梦，因为他们是北大人，也许在不久的将来梦想就将成真。

在公司有了一定的基础后，他们在站稳北京校园市场的同时，开始了拓展外地市场的脚步，已经开始在全国几百所大学里组建团队，这样既能让公司的“地基”变得更扎实，也能够吸引到更多有实力、志同道合的人，从而去助力公司的发展与成长。

因为友情相识，因为共同爱好而发展起来，这就是人脉的作用。从某一方面讲，朋友的质量决定了未来，这是每一位北大人再清楚不过的事情了。想创业，最稳妥的方法就是借力，借谁的力，谁又会轻易借给你力？只有朋友！

想要走得更远，就要学会借力，而朋友能在你最需要的时候，给你最有力的支持。学会借力，从多交朋友开始，你的圈子就是你的平台，像北大人一样，通过借力让自己走得更远吧！

北大成功秘诀——人际交往中不可有的六种心理

每个人都不可避免地要与人交往。为什么有的人朋友很多，有的人却没有朋友？北大人通过分析，发现了六种不利于人际交往的心理：

1.自卑心理

有些人容易产生自卑感，他们缺乏自信，不敢主动与人接触，没有自己的主见。这种心理不利于人际交往，即便他人主动打招呼，也会因为自卑而拒绝交往，这样怎么能交到朋友？

2.怯懦心理

主要见于涉世不深、阅历较浅、性格内向、不善言辞的人。由于怯懦，让他们失去了很多机会，即便经过深思熟虑，他们也不敢表达自己的想法。

3.冷漠心理

现代人的冷漠已经根深蒂固，对什么事情都不关心，什么人都不在乎，只在自己的世界里打转。要知道，当你为自己的孤傲性格沾沾自喜时，也让你失去了很多结识新朋友的机会。

4.猜疑心理

有些人在与人交往中总是喜欢猜疑，不相信别人，即便请人帮忙办事也不放心，与人交往时异常小心。这样的结果只能影响彼此关系，这类人很难交到真心朋友。

5.逢场作戏心理

有的人把交朋友当作逢场作戏，朝秦暮楚，见异思迁，处处应付。这类人并不是真想交朋友，而是出于做戏需要，只是做表面文章，因而没有感情深厚的朋友。

6.唯利是图心理

有的人认为交朋友的目的就是“互相利用”，他们只想从朋友身上赚取利益，这种唯利是图的心理绝不会让你交到知心朋友。

【北大考考你】

一天，在傍晚时分，北大教授见几个学生在一块骑自行车，他们配的都是专业型的自行车，起码得一千多元才能买到一辆呢。于是北大教授灵机一动，走过去问学生们一个问题：如果你的自行车是新买的，买的还是几百上千元的好车子，可是你没骑上两天，你的好朋友找你借车来了，你会如何?

你会果断大方地借给你的好朋友，还是跟他说：“你要是急着用，我就借你吧。抑或你会果断地拒绝朋友的借车要求?”

这问题看似很简单，同学们的回答也都不难，但其实，这不是一个借车与否的问题，教授想考验同学们的合作精神及交友能力。

选择毫无考虑，把新车借给朋友的同学，具有良好的合作精神，他们善于交友，因为他们明白助人为乐的同时，将来自己有需要也好开口找别人帮忙。

选择如果朋友急事，就把车借给朋友的同学，有一定的合作精神，懂得交友的重要性，但是内心会权衡得失，说白了，相对第一种人会稍微功利一点。

选择果断拒绝把新车借给朋友的人，在思维中难免会比较欠缺团队合作性，在交友的时候很可能出现计较得失的小心眼儿，这对交友合作来讲有一定的影响。

方法：做事一定要讲方法

上苍不会让所有幸福集中到某个人身上，得到爱情未必拥有金钱；拥有金钱未必得到快乐；得到快乐未必拥有健康；拥有健康未必一切都会如愿以偿。保持知足常乐的心态才是淬炼心智、净化心灵的最佳途径。这便是人生哲学。

——北大人箴言

一个人即使再聪明、智商再高，如果做事不讲究方法，那么只会事倍功半，费力不讨好。举一个例子：如果你做一件事情，没有讲究方法，对事情没有一个时间安排，那么就会多花时间。这样既浪费时间，还浪费精力，会得不偿失。

成功的北大人又是怎样将事情做到有理、有章、有序的呢？其实，他们的秘诀就是合理的方法。看完下面的内容，你就会有一个更深刻的认识。

这是一位参加过四次高考，分别考入过北京大学、清华大学和复旦大学的学子，现在人们常说“学霸”“考霸”等词，而将他称作“考霸”那是绝对贴切。他叫张非，参加过三次高考，一次考上了北大，一次考上了清华，最后一次同样达到了北大的录取线。可能你会奇怪，为什么张非要这样去考大学呢？他既然考上了国内一流的大学，为什么不去就读呢？

细细了解，你就会知道，张非并不是想反复参加高考，一切都事出有因。他不是像大家猜想的为了牟取高额奖学金而去频繁参加高考。相反，他是一个在北大、清华进进出出的高考奇才。这是怎么回事呢？

在2003年张非第一次考入北京大学之后，因为考试成绩不及格，他被学校勒令退学。当时第一学年18门课程的成绩单中，张非有7门不及格，并且最低的一门竟然只得了5分。这样的成绩出现在一个能够考上北大，学习能力并不差的人身上，连老师都觉得不可思议。

怎么会这样呢？原来，张非的学习方法出了问题，之前应试教育下的那一套在北大根本行不通，张非只会在考试中拿高分，而到了北大之后，由于学校更注重素质教育的培养，结果张非的成绩并不理想。当然，还有一个原因，就是张非将更多的精力荒废在网络游戏方面，无法自拔，结果被勒令退学。

方法不对，努力白费。张非意识到了之前的错误，让父母很伤心，让老师很失望，于是他决定改变自己的做事方法，不再荒废才华。当他改名为张空谷之后，再一次以677分的高分考入清华大学环境工程专业，相信这一次，等待他的将是无比美好的灿烂前程。

学习的时候，用对了方法就能取得事半功倍的效果，就像张非一样，每一次高考都能考取高分，他一定掌握了非常有效的考试方法。而进入北大、清华之类高校之后，更注重的是素质教育，必须变换之前的方法，才能维持在一个不错的水准。

相信每一位能够考上北京大学的学生，都拥有一套行之有效的方法，这也是值得每个人学习的地方。做事讲方法，效率才会提高。北大人如此成功，与他们的高效率是分不开的；之所以如此高效，与他们的方法又是密不可分的。因此，如果此时你前面有一堵墙，不要再去硬着头皮往前走了，否则只会头破血流。你需要改变方法，找到一条属于自己的路，相信一定会走出不一样的精彩。

北大成功秘诀——北大经典学习法

对于青少年来说，学习方法是最重要的，这里不妨借鉴一下北大人的做法。

1.兴趣当先，快乐学习

爱因斯坦说：“兴趣是最好的老师。”北大人之所以在学习方面表现优异，是因为他们发自内心热爱学习，而不是像其他学生那样，被动地学习。

兴趣指一个人对学习的一种积极的认识倾向与情绪状态。从教育心理学的角度来说，兴趣是一个人倾向于认识、研究获得某种知识的心理特征，是可以推动人们求知的一种内在力量。

北大人将兴趣作为学习的兴奋剂和催化剂，这是古今中外的教育家反复论证的重要结论。但是目前，有相当一部分学生由于考试失败、家长期望值过高、压力过大、排名次、家长和教师的教育方法不当等原因，享受不到学习的快乐。因此，北大人给出了自己的建议：在找到正确的方法之前，先激发个人对学习的兴趣，这才是最重要的。

2.善于观察，积极思考

观察能力是衡量一个人智力水平的重要因素，敏锐的洞察力也是青少年成长过程中必备的素质。研究证明，观察能力强的学生，其智力水平要远远高于缺乏洞察力的学生。可见，观察能力的高低直接影响孩子智力水平的高低。这也就不难理解为什么北大学生平时非常注意培养善于观察的好习惯，并在观察中积极思考了。

3.强化记忆，提高成绩

记忆是什么？记忆，就是过去的经验在人脑中的反映，包括识记、保持、再现、回忆四个基本过程。记忆有形象记忆、概念记忆、逻辑记忆、情绪记忆、运动记忆等形式。

若想提高成绩，强化自己的记忆力是非常有效的方法。有些人看到北大学子在未名湖畔背书的时候不免嘲笑他们，认为这是死记硬背，其实他们是在进行强化记忆训练。

4.集中精力，专心听课

要想提高学习成绩，上课专心听讲是非常有效的方法之一。调查显示，有相当多的学生认为，上课听不懂也没有关系，反正有教科书呢。有这种想法的学生，在课堂上多数不能集中精力专心听讲，或者稍遇障碍就不想听了，结果白白浪费了宝贵的课上时间，增加了课下的学习负担。

在北大人看来，这样的想法很可笑，课堂上的时间非常宝贵，为什么要浪费宝贵的时间而课下再花时间复习呢？因此，你在北大的每一个课堂上，都会发现一群注意力非常集中的学生，这也是他们在短时间内就能学到更多知识的原因。

心理学研究证实，注意力是心理活动对一定对象的指向和集中，它是心理过程的动力特征。注意力的指向性可使人的心理活动在每一瞬间都能有选择地反映事物；注意力的集中性可使事物在人脑中获得清晰和深刻的反映。正因为注意力拥有指向性和集中性两个重要的特征，所以，注意力具有选择、保持以及对活动的调节和监督的功能。因此，在课堂上注意听讲，对于学习成绩的提高是很重要的。

【北大考考你】

在一次数学课堂上，北大教授问了学生们一道思考题：把9个橙子分给13个小朋友，怎么分才公平?

学生们开始了各种运算，但一个聪明学生很快想了出来："榨成果汁，就能平均分了。"

确实，这道思考题并不难，而教授是希望告诉学生们，一切表面的计划都是虚无的，要完成某件事情，达到某个目标，我们首先要讲求方法，不论黑猫白猫，能抓住老鼠就是好猫。

坚持：每天进步一点点

其实每个人都不曾因为苦而放弃，只会因为抗而成长。今天我们轻松了，并不是生活越来越容易，而是我们越来越坚强。

——北大人箴言

每一个北大梦实现的背后，都有一个坚持不懈的身影。曾经的北大教授，也是中国现代历史学家张注洪，是一位长期从事中国现代史教学和科研工作的老专家。通过他的故事，我们可以了解坚持的重要性，从而督促自己更加努力。

张注洪教授一直到退休，都在北京大学任教，这种持之以恒的品质正是北大精神的传承。

在这个浮躁的时代，“跳槽”已经成为家常便饭，大家为了更好的条件不断变换着工作单位，然而还有一些像张老这样的北大人，选择从一而终，一旦认定自己的事业，绝不会半途而废。往往是这些能够坚持到底的人，更容易做出伟大的成绩。

张注洪教授之所以能在国内外享有一定的声誉，离不开他的科研成果，而这一切又离不开他的坚持。这一点从他读书的习惯中就可以看出。

出生于书香商贸之家的张注洪先生，从小就接受了当时传统文化和儒家思想的洗礼。他非常喜欢读书，从《唯物史观》到《中国近百年史》等书籍，他都会仔细阅读，也一直坚持着读书的习惯。碰到好的书，他还会不止一次地一读再读。

1926年出生的张注洪，早期读到了一本《西行漫记》，因为很喜欢，他就坚持一次又一次地去阅读。说起来也奇怪，张注洪觉得每一次读完之后，给他的启示和感觉是完全不一样的，所以这本书多年来被他一读再读。

《西行漫记》的作者是斯诺，因为偶然的机会，张注洪先生第一次读到了这本书。初读的时候，由于对书的内容完全陌生，他费时费力地将它读了下来，虽然花了不少时间，可也收获颇多。

到了后来，再拿起这本《西行漫记》的时候，张注洪先生使用了略读的方式。就是将书中的内容简略地读过，到了一些重点的地方，再对这些内容细细体会，从而能够将第一次阅读时没有掌握到的内容在这一次补充起来。然后，也就变得更全面了。

隔一段时间再读这本书的时候，张注洪选择了细读。主要目的在于将之前两遍阅读之后的内容细细地再次去体会。比如，故事内容的真实性等，都可以通过这样的细读被发现。张注洪先生一生将《西行漫记》读了许多遍，初读、略读、细读、研读，就这样一次次地去发现书中的不同之处。

从对一本书的坚持中，就可以看出张注洪先生持之以恒的精神，也为其以后的成功打下了坚实的基础。此后，他将全部精力献给了终生为之奋斗的中国近现代史史料学研究工作，并且成绩卓著。

人的一生会经历很多事，我们会随着成长而不断调整自己的目标，然而只有坚持到底的人才可能收获成功。每一位北大人都懂得其中的道理，他们也会不断调整目标，但只要是认定的道路，就绝不会轻易改变。他们会坚持走下去，这也是成功的主要原因。

而反观一些平庸之辈，他们的人生中有过各种各样的目标，却没有一个成功。为什么？因为他们无法坚持到底，半途而废已经成了他们的习惯。

成功从来没有一蹴而就的，就算天赋超常，能力出众的北大学子也要不断坚持才能最终有所建树，作为普通人的我们更要如此。

今天的坚持就是明日的成功，我们也许不是天赋超常的人，也许没有过人的才能，但只要坚持在某一领域努力，就一定会有所建树。对于我们来说，每天坚持一点，成长一点，这就足够了。日积月累，相信一定会见到惊人的效果。

北大成功秘诀——学会坚持，人生不留遗憾

人生会有很多遗憾，而大部分都是因为没能坚持到底而造成的。下面这些遗憾里，有多少本可以实现呢?

1. 梦想终未实现

人老了后总爱回首往事，发现原来好多梦想都没有实现，其中有多少是因为不再坚持而放弃造成的？其实，真正的遗憾并不是没有实现梦想，而是没有用尽全力。

2. 至死也不知道活着的意义

每个生命都有其存在的意义，每个人都该努力找寻生活的意义，证明自己的人生价值。然而有些人一辈子都没有明白为什么而活，这也许是他们根本不想弄明白，也许是他们没有继续寻找。

3. 没经历过一次刻骨铭心的恋爱

爱是世间最美好的事情，大部分爱情萌发于青春年少之时，那时虽然懵懂，却也纯真不带任何杂质，这也是人们总忘不了初恋的原因。有时候人生真的很简单，一场刻骨铭心的爱恋足以让我们满足。可是，人生却总有遗憾。

4. 没有和自己心爱的人结婚

英国沃瑞克大学经济学教师巴库斯算出了找到理想伴侣的概率，仅为1/285000。如果这是真的，那么又有多少人可以和人生挚爱走到一起呢？虽然难获圆满的原因很多，但你的不再坚持会不会是其中之一呢?

5. 没有尽可能多地出去走走

外面的世界很精彩，趁年轻，多出去走走，见见世面。我们总是有太多的借口耽搁自己的旅行计划，没钱，没时间，孩子太小……等到年老的时候，一切都有了，却没了旅行的心情。

6. 一生都没有说出真实的想法

有些人一辈子都没有真实地表达过自己，有些人一辈子都没有对最爱的人坦诚，哪怕只是一次。他们害怕承担后果，不知道说出真话后的结局。因此，他们心里是那么想找人倾诉，然而现实却在不断提醒着他们，不要与人分享秘密。

7. 没有信仰

没有信仰，便不知道为什么而活，虽然一样可以活得很好，但是总会感觉生命中缺少一件很重要的东西。缺少信仰，是很多人一辈子的遗憾。

【北大考考你】

有一次，小明和小敏来到田间，见一个老农夫将稻草挂得高高的，而不是放在地上给牛吃。小明和小敏觉得农夫这种喂牛的方式很特别。

你想想，为什么农夫要这样喂牛呢？

原来，得之容易的东西，大家会不知道珍惜，连牛也一样。如果农夫将草直接扔在地上，牛就是会随便吃几口，不会吃得开心，久而久之，牛的身体会变差，体能也会下降。相反，农夫将草每天挂高一点，牛每天得努力一点才能吃到，这样，牛吃起草来也是津津有味的，长此以往，牛的身体好了。

所谓的追求和进步，很多时候是我们给自己的一种动力。如果缺乏追求和进步，我们的人生就会靡废；相反，如果坚持每天进步一点，今天的努力就能换来明天的精彩。

锻炼：作为一种休息的方式

有些路很远，走下去会很累。可是，不走，会后悔。

——北大人箴言

生命在于运动，它告诉我们要多运动，要抽出时间去锻炼身体。这样既能让自己有体力去应对繁重的学习任务，也能够让自己精力充沛。

一个精神抖擞的人会给周围的人带来愉悦感。你的阳光与活力会带动大家，同时让你时刻散发与众不同的魅力。

对于学生们来说，锻炼更是一种休息的方式。随着生活的节奏越来越快，学业压力越来越重，已经严重挤压了孩子们的课余时间。这时，如果有能够锻炼的机会，就适当去做一些运动，这也是让自己的压力得以缓解的一个很好的办法。

在高考冲刺阶段，如果你想在凌晨四点半依然精力旺盛地读书，你就需要一个良好的体能作为保证，而这一切都要靠长期的锻炼获得。

在北大，很多学生将锻炼作为一种休息的方式，他们并不是将全部时间用在读书上面，因为他们很清楚，唯有劳逸结合，才能让学习效率最大化。而他们选择的休息方式，就是体育锻炼。所以，你会在北大操场上，看见学生们拼命奔跑，那是一种希望，传递出一股力量。

在北大有一位教授，常年穿着一双运动鞋，他爱运动，每天坚持锻炼已经成为他的生活方式。他叫孟二冬，是北大中文系教授、博士生导师。同时，他更是一位喜欢运动的“园丁”，一有时间就打打篮球。

一次，北大中文系教职工队与学生们比赛，孟二冬出人意料地坐在了替补席。这是怎么回事呢，这么爱运动的教授怎么突然打替补了？是他技术不够出色吗?

当然不是，原来是他的身体需要好好静养。于是，那个曾经如此熟悉的球场，也是孟二冬挥洒过无数汗水的球场，如今却成了他的休息场所。

“我们看不出他和以前有什么不一样，还是和我们说笑，一起打球。”学生们这样形容孟二冬生病前后的样子。孟二冬一直给学生们一种“阳光”的形象，看起来健康充满活力。其实，孟二冬是一位身患重病的癌症患者。他在手术之后，仍然给学生们留下积极阳光、充满活力的一面。

即使在他后来住院的间隙，仍然会给研究生上课。当他出现在大家的面前时，依然充满活力，只是精神头差了一些。

出院后，孟二冬仍然坚持每天晚饭后散步，依然穿着那双运动鞋，学生们很远就能认出他。

如果有机会听孟二冬教授的课，你会发现他的两个特点：第一个特点就是他总是穿着运动鞋；第二个特点就是他爽朗的笑声。

孟二冬从未停止锻炼，他用行动赋予了生命不息、运动不止的精神，这就是北大人的精神——生命不息、奋斗不止。

当我们因为学业而感到身心疲惫的时候，不妨休息一下，出去走一走，跑上两圈，出出汗，相信你一定会重新焕发精神，也可以在很大程度上提高学习效率。所以我们说，把锻炼当作一种休闲的方式，绝对是聪明之举。

锻炼有益身体健康，这点每个人都非常清楚。但是，要在学业负担较重、压力较大的情况下坚持下去，则不那么容易。其实，锻炼身体不一定非要跑一万米，也不一定非得进行剧烈运动。如果你能够在吃完饭之后，去散散步，哪怕只是在楼下转上几圈，也会起到非常不错的放松身心的效果。当然，锻炼不在于一时的效果，而在于长年累月的坚持。

锻炼要讲究方式和方法。例如，参加健身活动的时候，教练会给每一位学生设计不同的方案，通过体育课也可以多获取一些这方面的知识。将锻炼作为一种休息的方式，既锻炼了身体，又休息了身心，何乐而不为呢？但是，关键还在于长久的坚持。

在北京大学的运动场上，你会看到很多在此锻炼的同学。如果你注意观察几天，就会发现他们不是一时兴起，而是每一天都会在固定的时间来到这里，这也是他们休息之余进行的自我放松。

锻炼除了可以增强体格，对于自信心也有着一定的提升作用。身体的锻炼需要内外兼修，除了通过体育运动来锻炼身体，也需要通过一些锻炼来提升自己的内心。因为只有内心强大了，才能真正强大起来。如果，你想要让自己变得更强，那么就要像北大人一样，坚持锻炼，最好是将锻炼作为一种休闲方式。

北大成功秘诀——怎样正确锻炼身体

身体是革命的本钱，学会如何锻炼很重要。下面来看看北大人是怎么锻炼身体的吧：

1.采取综合形式进行锻炼

北大人在锻炼时会选择在室外进行走、跳、跑、攀登等多种形式的体育运动，或者选择做健身操等运动量较大的游戏活动，这样既不会枯燥，又可以利用充足的阳光、新鲜的空气、清洁的水流等自然条件，有利于高质量的锻炼。

2.根据兴趣选择运动项目

兴趣是保证锻炼持久性的最好方法，如果你对足球感兴趣，那么即便没人督促，你也会在球场上拼命奔跑，与兴趣结合的锻炼效果才是最好的。

3.因地制宜，设置最简易的锻炼场地和设备

如在门前挖个沙坑练习跳远；在两株树间横一根孩子单杠；在树上吊一个大皮球，用来练习弹跳扣球；或在家中挂一个沙袋……不要抱怨没有锻炼的地方，也不是只有健身房才能锻炼身体。你完全可以创造一个良好的环境，或者选择公园、体育场等场所进行锻炼。只要你有一颗想运动的心，就没有什么可以阻止你。

【北大考考你】

有个老太太多年来不断抱怨自己的儿媳妇很懒惰：“我的儿媳妇太懒了，衣服总是洗不干净，看，她晾的衣服总留有各种污迹和斑点。”

原来，儿媳妇所洗的衣服会晾在院子中，而老太太房间的窗户正好对着院子。她每天透过窗户看儿媳妇所晾的衣服，觉得衣服总是脏脏的。

有一天，一个朋友的到来改变了老太太的想法，你猜她的朋友是怎么办到的？

其实，答案很简单，朋友只是用一块抹布将老太太房间的窗户擦干净了。原来一直以来，只是老太太的窗户脏了而已。

由此可知，当我们觉得别人有问题的时候，一定要先反省自身，看看是自己的问题还是别人的问题。如果在自省的过程中发现了自己的问题，就必须努力去解决。

选择：取舍之间彰显人生智慧

人们似乎每天都在接受命运的安排，但实际上人们每天都在安排着自己的命运。关键在于你怎么去选择。

——北大人箴言

人生会经历无数次选择，每一次选择都可能改变我们的命运。如果说小时候我们没有做出选择的权利与能力，那么长大之后则必须掌握选择的主动权，否则我们的人生将任人摆布。

选择彰显了一种人生智慧，一旦做出错误的选择，将会造成巨大的损失。然而，人生最难的不是做出选择的那刻，而是如何取舍，这才是人生的大智慧。

他叫陈生，一位北京大学的高才生，却选择了一份任何一位北大人都不敢想象的工作。

当时，陈生有两个选择：一个是去当人人羡慕的政府公务员；一个是去卖猪肉。陈生在反复思考之后，做出了取舍，舍弃了公务员岗位而选择去卖猪肉。在许多人看来，他做了一个不可思议的决定。

陈生是北京大学经济学学士，同时也是清华大学EMBA，但是却选择了下海经商，从养猪行业做起。陈生这样的选择并不是心血来潮，而是经过深谋远虑的。

在两份不同的工作面前，在两种不同的人生经历下，陈生做出了选择与取舍，同样，他也会对自己的选择负责。

如今，陈生已经是一个拥有数千名员工的集团董事长。可以说，他的选择是成功的，取舍之间，他成为最大的赢家。他卖过菜，卖过白酒，卖过饮料，卖过房子，一步一步，最终走向成功。如果你问他为什么会做出这样的选择，他会这样回答你：我做事的方式比别人更灵活。

在这看似轻松的回答背后，陈生一定经历过痛苦的抉择过程，在取与舍之间徘徊。一着不慎，就可能一无所有。然而结果是令人振奋的，他做出了一连串选择，最终收获了今天的成功。

陈生的选择是常人很难认同的，尤其是家人。可想而知，当时的他一定饱受压力。而他却不顾家人的反对，决意下海经商，这也显示出其坚毅的性格。

一次选择，就可能决定未来的人生走向。而选择是要付出代价的，你必须学会取舍，患得患失的心态终将让人一事无成。

在人生道路上，有时会因为选择的目标过低而一生碌碌无为，有时也会因为选择的失误而遗恨终生，有时更会因为选择的失当而处处碰壁。因此，在选择时一定要谨慎，绝不做违心的选择。

学会取舍是人生的大智慧，北大人很清楚其中的道理。他们明白风险与机会是并存的，所以一旦做出选择，绝不会半途而废，他们愿意承担选择所带来的一切后果。

在机会面前，如果你选择逃避，就不要去羡慕别人的成功，因为你选择了舍弃；如果你不甘心当下的生活，那就要勇敢地进取，向生活索要属于你的机会。在选择之后不要放弃，不要害怕伤害，不经风雨，永远见不到心中的彩虹。

北大成功秘诀——取舍之道

北大人很清楚，无论是谁，都不可能拥有一切，一定要学会取舍，这样人生才能得以完满。其中，学会放弃往往比选择更困难。美国著名作家布鲁斯在《取舍之道》一书中谈了对放弃的理解，他说："面对工作，应该学会放弃。学会放弃，也就学会了重新选择自己。"

的确如此，只有学会"舍"，才能更好地"取"。关于这一点，北大人是怎么做的呢?

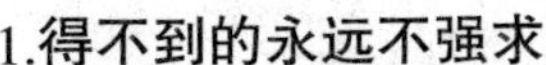

1.得不到的永远不强求

对于生活中得不到的东西，北大人绝不会强求。他们绝不会去做能力范围之外的事，量力而行是一种舍弃。

2.学会拒绝

有些人不会拒绝，结果让自己的生活变得很累。要知道，你不可能帮助别人解决一切难题，你也不能答应别人所有要求。因此，学会拒绝，让自己轻松一些吧！

3.不完满才是人生

追求完美的人注定是辛苦的，他们不肯舍弃，所以难有获取。什么都想要的结果，往往是什么都得不到。不完美才是人生，你又何苦追求虚妄呢？

【北大考考你】

小张在一家大型公司做员工，总觉得自己怀才不遇，经常想："如果有一天能见到老总，一定要尽量展示自己的才华。"

小刘和小张一样，也总觉得自己怀才不遇，也希望遇到老板，给自己展示的机会。不过小刘比小张要聪明一点，他除了幻想和等待机会外，还会自己努力去寻找老板的日程表，想方设法地制造各种偶遇。

而他们的同事小汪也有这样的想法，不过小汪更进一步，他会主动熟悉老板的交际风格，千方百计地结识和老板相熟的人，希望得到引荐。

你觉得小张、小刘和小汪，谁会更有机会展示才华呢？

答案不言而喻，自然是小汪。机遇总是青睐有准备的人，然而这个"准备"需要我们付出努力，不是想想就可以的。

读者反馈卡

尊敬的读者：

十分感谢您购买本书以及对本公司的大力支持。为能继续提供更符合您要求的优质图书，烦请您抽出点滴时间填写以下调查表并寄回，您的建议与意见将是我们不断前进的动力。我们会定期从有效回执中抽取幸运读者，寄送公司最新出版图书或其他精美礼品。

北京兴盛乐书刊发行有限责任公司

通讯地址：北京市朝阳区小营路10号阳明广场南楼14A

邮政编码：100101

读者QQ群：292306095（兴盛乐书友会）

电子邮件：xslzbs@163.com

公司微博：@兴盛乐书刊发行公司

公司网址：www.xslbook.net

1. 您了解本书是通过：

□书店 □网络 □报刊宣传 □朋友推荐

2. 您购得本书的渠道是：

□新华书店 □网上书城 □民营书店 □超市 □报刊亭

□其他______

3. 您决定购买本书是因为：

□书名吸引 □内容吸引 □喜欢作者 □偶然购买

□朋友推荐 □其他______

4. 您觉得本书的优点有：

□文笔好　□内容好　□封面漂亮　□排版舒服　□价格合理

□手感好　□其他______

5. 您会向他人推荐或者谈论这本书吗？

□会　□不会　□偶尔会　□看看再决定　□其他______

6. 了解本书之后，您会关注或购买公司其他图书吗？

□会　□不会　□偶尔会　□看看再决定　□其他______

7. 您决定购买一本书的因素包括：

□内容　□封面　□书名　□朋友推荐　□媒体推荐　□作者

□其他______

8. 您比较喜欢的阅读类型有：

□人文历史类　□财经类　□管理类　□励志类　□小说类

□纪实文学类　□传记类　□散文、随笔类　□女性、生活类

□亲子、育儿类　□科普类　□其他______

9. 您觉得本书有何不足之处，您有何修改意见或建议？

____

____

10. 有没有您想读但市面上却没有的书？

____

____

您的姓名__________ **性别**________ **年龄**________ **职业**________

邮政地址____

邮政编码__________ **手机**______________________________

E-MAIL____

QQ______________ **微博**______________________________